쉽게 따는
3단계 6급 한자

■ 저자 | 장개충

· 저서:

「가나다 활용옥편」, 「新1800 상용한자」,

「正統 漢子敎本」등 편저(혜원출판사)

「고사성어·숙어 대백과」편저(명문당)

「2350 字源漢字」편저(느낌이 있는책)

외 10여편.

· 현재, 좋은세상 출판기획사 대표

쉽게 따는
3단계 6급 한자

개정판 1쇄 발행 · 2010년 8월 27일
개정판 7쇄 발행 · 2025년 1월 20일

지은이 · 장개충   **감수** · 홍진복
편 집 · 김수정   **디자인** · 유정화
삽 화 · 김동문
펴낸이 · 김표연
펴낸곳 · (주)상서각

등 록 · 2015년 6월 10일 (제25100-2015-000051호)
주 소 · 경기도 고양시 일산동구 성현로 513번길 34
전 화 · (02) 387-1330
F A X · (02) 356-8828
이메일 · sang53535@naver.com
ISBN 978-89-7431-526-9(63710)

쉽게 따는
3단계 6급 한자

상서각

이 책을 보는 어린이와 학부모님께

한자 공부의 길잡이

먼 옛날부터 우리 조상들은 한자를 우리 문자로 받아들여 오랫동안 역사를 가꾸고 찬란한 문화를 꽃피워 문화 선진국으로 발돋움하게 되었습니다.

우리가 사용하는 일상용어의 70% 이상이 한자로 되어 있기 때문에 한자 학습은 우리 국민 누구에게나 필수적이라 할 수 있습니다.

한자가 언제 누구에 의해서 만들어졌는지는 정확히 밝혀져 있지 않으나 오천여 년 전에 중국 고대의 창힐이라는 사람이 새의 발자국을 보고 한자의 모양을 생각해 내었다는 전설이 있습니다. 그러나 일반적으로 나라의 점을 치던 사람들이나 뒷날 역사를 기록하던 사람들에 의해 만들어지고 변화, 발전되어 왔다고 보고 있습니다.

처음 만들어진 글자들은 그림과 같아서 모난 것이 없고 주로 곡선으로 이루어져 있었습니다. 예를 들면, 日(일)의 처음 모양은 '해'를 본떠 하나의 동그라미(⊝)였고, 月(월)은 반동그라미(ᗡ), 川(천)은 골짜기에서 흐르는 물, 내(⫶)를 본떴습니다.

초기의 문자는 자연물을 그린 것이었으나 문명이 발달하고 생활 영역이 넓어지면서, 자연물의 특징을 간략하게 표현하거나 기호를 사용하고, 또한 한자와 한자를 결합하여 새로운 한자를 만들어 썼습니다.

한자능력검정시험은 필수적

한자능력검정시험은 일상생활에서의 필수 한자를 얼마나 많이 알고 이해하는가를 검정하고, 사회적으로 한자 활용 능력을 인정받는 제도입니다.

이 책은 8급에서부터 단계별로 풀어 갈 수 있도록 한자의 쓰임과 한자의 유래, 자원(한자의 구성 원리) 풀이, 부수 및 필순 익히기, 학습에 도움이 되는 용례 풀이와 간체자(중국의 문자 개혁에 따라 자형字形을 간략하게 고친 한자)를 충실히 다루었을 뿐만 아니라, 핵심 정리와 예상 문제 및 실전 문제를 함께 수록하여 한자의 뜻을 폭넓게 이해하고 확실히 깨칠 수 있도록 하였습니다.

모쪼록 여러분의 앞날에 무궁한 발전과 하고자 하는 모든 일이 함께 이루어지길 기원합니다.

쉽게 따는 3단계 6급 한자의 구성과 활용법

한자의 변화 과정
한자가 변화된 과정을 이해하기 쉽게 표현

필순(획순)
한자를 바르고 정확하게 따라 쓰기

훈(뜻)과 음(소리)
한자의 기본인 훈(뜻)과 음(소리)을 알기

한자의 부수와 총획

간체자 배우기
중국의 문자 개혁에 따라 자형을 간략하게 고친 한자를 수록

쓰기 연습란
한자를 필순대로 반복해서 쓰기 연습

한자의 다른 뜻
각 한자의 다른 뜻을 알기

뜻 그림
한자의 뜻을 그림으로 알기 쉽게 표현

어휘 활용 단어와 짝을 이루는 한자

어휘 활용
한자 낱말을 익혀 한자 활용 학습에 도움

고사 · 숙어 익히기 1, 2
그림과 함께 고사 · 숙어를 쉽고 재미있게 익힙니다.

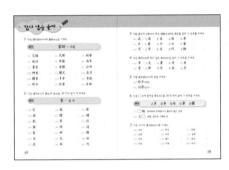

한자 연습 문제
각 장에서 배운 한자를 다양한 문제 풀이 방법으로
복습합니다.

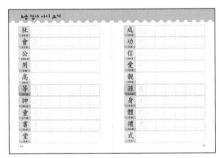

6급 한자 다시 쓰기
각 장에서 배운 한자를 다시 한번 쓰면서 복습합니다.

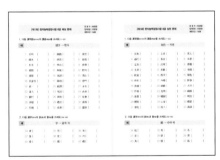

한자능력검정시험 6급 예상 문제 및 실전 문제
한자능력검정시험 6급 예상 문제와 실전 문제를
구성하여 실제 시험과 똑같은 답안지에 답을 쓰면서
실전 감각을 익힐 수 있습니다.

차례

쉽게 따는 3단계 6급 한자

한자는 뜻글자(표의 문자)이다!

'한자'는 뜻을 단위로 하여 만들어진 '뜻글자'이므로 각 글자마다 모양(형 : 形) 과 소리(음 : 音)와 뜻(훈 · 새김 : 訓, 의 : 義)으로 이루어졌습니다.
이를 한자의 '3요소'라고 합니다.

〈水(물 수)의 3요소〉

漢字	모양(형상)	天	日	月	山	水	川
	소리(음)	천	일	월	산	수	천
	뜻(새김)	하늘	해·날	달	메	물	내

이 원리(한자의 짜임)를, 육서(六書)라고 하는데 다음과 같이 분류합니다.

(1) 상형문자(象形文字)

자연이나 구체적인 물체의 형상을 본떠서 만든 글자.

① 해의 모양을 본뜬 글자로, '해' 또는 '날'의 뜻으로 사용됨.

☀ → ⊟ → ⊖ → ⊟ → 日(날 일)

② 산의 모양을 본뜬 글자로 '산'의 뜻으로 사용됨.

⛰ → ⋀⋀⋀ → ♨ → 山 → 山(메 산)

(2) 지사문자(指事文字)

'숫자', '위', '아래', '처음', '끝' 등과 같이 구체적인 모양으로 나타낼 수 없는 한자를 점(·)이나 선(—) 같은 기호를 사용하여 만든 글자.

① 기준이 되는 선 위에 점으로 표시하여 '위쪽'의 뜻을 나타낸 글자.

∴ → ⌒ → 丄 → 㐱 → 上(윗 상)

(2) 나무의 가지 끝 부분에 점을 찍어 '끝'이란 뜻을 나타낸 글자.

🌳 → 🌲 → 朩 → 末 → 末(끝 말)

(3) 회의문자(會意文字)

이미 만들어진 글자의 뜻과 뜻이 합쳐져서 새로운 뜻을 나타낸 글자.

木(나무 목) + 木(나무 목) → 林(수풀 림)

日(해 일) + 月(달 월) → 明(밝을 명)

(4) 형성문자(形聲文字)

'뜻'을 나타내는 글자와 '음(音 : 소리)'을 나타내는 글자로 결합하여 새로운 '뜻'과 '소리'를 지닌 글자.

水(물 수) + 靑(푸를 청) → 淸(맑을 청)

口(입 구) + 未(아닐 미) → 味(맛 미)

(5) 전주문자(轉注文字)

이미 있는 글자 본래의 의미가 확대되어 전혀 다른 음과 뜻으로 나타낸 글자.

樂 : 노래 악(音樂 : 음악), 즐길 락(娛樂 : 오락), 좋아할 요(樂山樂水 : 요산요수)

惡 : 악할 악(惡人 : 악인), 미워할 오(憎惡 : 증오)

(6) 가차문자(假借文字)

글자의 뜻에 상관없이 한자의 발음만을 빌려서 다른 뜻으로 나타낸 글자.

堂堂(당당) : 의젓하고 거리낌이 없음

丁丁(정정) : 나무 찍는 소리

亞細亞(아세아) : Asia

巴利(파리) : Paris

'부수(部首)'란 무엇인가?

한자는 자전(字典 : 옥편)에서 찾아야 합니다. 자전은 한자를 쉽고 빠르게 찾을 수 있도록 공통점이 있는 한자끼리 묶어 놓았는데, 이 공통적으로 들어가는 기본 글자를 '부수(部首)'라고 합니다.

한자는 대체로 부수와 몸이 합쳐져 만들어졌기 때문에, 부수를 알면 자전을 찾을 때 편리할 뿐만 아니라, 한자의 뜻을 쉽게 파악할 수 있습니다.

부수로 쓰이는 기본 글자는 모두 214자입니다.

부수의 위치와 이름

부수 글자는 자리하는 위치에 따라 그 이름이 각각 다릅니다.

글자의 위쪽에 있는 부수 : 머리

- 宀 : 갓머리(집 면) ➡ 家(집 가), 安(편안 안)
- 艹(艸) : 초두머리(풀 초) ➡ 花(꽃 화), 草(풀 초)
- 竹(竹) : 대 죽 ➡ 答(대답 답), 算(셈 산)

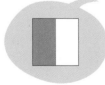

글자의 왼쪽에 있는 부수 : 변

- 亻(人) : 사람인변 ➡ 仁(어질 인), 代(대신 대)
- 禾 : 벼 화 ➡ 科(과목 과), 秋(가을 추)
- 氵(水) : 삼수변 ➡ 江(강 강), 海(바다 해)

글자의 아래쪽에 있는 부수 : **발·다리**

- 儿 : 어진사람인 ➡ 兄(형 형), 光(빛 광)
- 灬(火) : 연화발(불 화) ➡ 烈(매울 렬), 然(그럴 연)
- 心 : 마음 심 ➡ 意(뜻 의), 感(느낄 감)

글자의 오른쪽에 있는 부수 : **방**

- 刂(刀) : 칼도방 ➡ 刊(새길 간), 刑(형벌 형)
- 阝(邑) : 우부방 ➡ 郡(고을 군), 邦(나라 방)
- 卩 : 병부절방 ➡ 印(도장 인), 卯(토끼 묘)

글자의 위와 왼쪽을 덮고 있는 부수 : **엄**

- 广 : 엄호(집 엄) ➡ 序(차례 서), 度(법도 도, 헤아릴 탁)
- 尸 : 주검 시 ➡ 居(살 거), 局(판 국), 屋(집 옥)

글자의 왼쪽과 아래를 덮고 있는 부수 : **받침**

- 廴 : 민책받침(길게 걸을 인) ➡ 廷(조정 정), 建(세울 건)
- 辶(辵) : 책받침(쉬엄쉬엄 갈 착) ➡ 近(가까울 근)

글자의 전체나 일부분을 에워싸고 있는 부수 : 몸

- 口 : 큰입 구(에운 담) ➡ 四(넉 사), 國(나라 국)

- 門 : 문 문 ➡ 開(열 개), 間(사이 간)

- ㅂ : 위튼입구(입벌릴 감) ➡ 出(날 출), 匈(흉할 흉)

- 匚 : 터진입구몸(상자 방) ➡ 匠(장인 장), 匞 (널 구)

글자 자체가 부수인 글자 : 제부수

- 木 (나무 목)   車 (수레 거 · 차)   馬 (말 마)
- 心 (마음 심)   金 (쇠 금, 성 김)

자전에서 한자 찾기

부수로 찾기 – 찾고자 하는 한자의 부수를 알아내고, 부수 색인란을 통하여 쪽수를 확인한 뒤, 총 획수에서 부수를 뺀 나머지 획수를 세어 그 글자를 찾습니다.

한자의 음을 이용해서 찾기 – 찾고자 하는 한자의 음을 알고 있는 경우에는 자음 색인에서 해당 한자를 찾아 그 아래에 적힌 쪽수를 펼쳐서 찾습니다.

한자의 총 획수를 이용해서 찾기 – 찾고자 하는 글자의 부수나, 음을 모를 경우에는 그 글자의 총획을 세어 총획 색인에서 해당 한자를 찾습니다.

필순(筆順)이란?

글씨를 쓸 때 붓을 놀리는 차례. 곧, 점과 획이 차례로 거듭되어 하나의
글자를 다 쓸 때까지의 차례를 말합니다.

1. 왼쪽에서 오른쪽으로 씁니다.

川(내 천) ➡ 丿 刂 川

江(강 강) ➡ 丶 冫 氵 沪 汀 江

2. 위에서 아래로 씁니다.

三(석 삼) ➡ 一 二 三

工(장인 공) ➡ 一 丁 工

3. 가로획과 세로획이 겹칠 때에는 가로획을 먼저 씁니다.

木(나무 목) ➡ 一 十 才 木

十(열 십) ➡ 一 十

4. 좌우 대칭인 글자는 가운데를 먼저 씁니다.

水(물 수) ➡ 丿 刁 永 水

小(작을 소) ➡ 丨 小 小

5. 삐침(丿)과 파임(乀)이 만날 때는 삐침을 먼저 씁니다.

    人(사람 인) → 丿 人

    文(글월 문) → 丶 亠 亣 文

6. 글자를 꿰뚫는 획은 나중에 씁니다.

    中(가운데 중) → 丨 冂 口 中

    事(일 사) → 一 下 戸 写 写 写 写 事

7. 둘러싼 모양으로 된 자는 바깥 부분을 먼저 씁니다.

    四(넉 사) → 丨 冂 叼 四 四

    同(한가지 동) → 丨 冂 冂 同 同 同

8. 좌우를 먼저 쓰고 가운데를 나중에 씁니다.

    火(불 화) → 丶 丷 少 火

    性(성품 성) → 丶 丷 忄 忄 忄 忄 忭 性 性

9. 글자를 가로지르는 획은 나중에 긋습니다.

    女(계집 녀) → 〈 女 女

    丹(붉을 단) → 丿 几 月 丹 丹

10. 오른쪽 위에 점이 있는 글자는 그 점을 나중에 찍습니다.

犬(개 견) → 一 ナ 大 犬

伐(칠 벌) → ノ 亻 仁 代 伐 伐

11. 삐침이 길고 가로획이 짧으면 가로획을 먼저 씁니다.

左(왼 좌) → 一 ナ 广 ナ 左

友(벗 우) → 一 ナ 方 友

12. 삐침이 짧고 가로획이 길면 삐침을 먼저 씁니다.

右(오를/오른 우) → ノ ナ 才 右 右

有(있을 유) → ノ ナ 才 有 有 有

13. 책받침(辶, 廴)은 나중에 씁니다.

遠(멀 원) → 一 十 土 去 吉 吉 声 車 东 袁 袁 遠 遠 遠

建(세울 건) → フ ヨ ヨ ヨ 聿 聿 律 建 建

※ 특수한 자영의 필순 보기

凸(볼록할 철) → 丨 ㄴ 凸 凸 凸 (5획)

凹(오목할 요) → 丨 ㅏ 卬 凹 凹 (5획)

제1장

인간과 사회

본문의 한자는 인간과 사회에 관련된 글자들입니다.

社會	公用	高等	神童	書堂
成功	信愛	親孫	身體	禮式
代理	在京	交通	各部	定席
圖章	多幸	米飮	洋服	昨今

社會 공동 생활을 하는 인류의 집단. 세상.

훈 모일 **음** 사

토지의 신, 단체

示(보일 시)부, 총 8획

보일 시(示)와 흙 토(土). 땅(土)의 신에게 올리는(示) 제사를 위해 사람이 모여드는 것으로 '모이다, 단체'를 뜻한다.

一 亍 亍 亓 示 示 社 社

社 모일 사

- 社交(사교) : 사회 생활에서의 교제.
- 社說(사설) : 신문·잡지 등에서 주장으로 펴는 글.
- 社宅(사택) : 사원을 위하여 마련한 주택.

交 : 사귈 **교**   說 : 말씀 **설**, 달랠 세   宅 : 집 **택**

훈 모일 **음** 회

모으다, 모임, 기회

曰(가로 왈)부, 총 13획

모을 집(亼·集)과 더할 증(曾·增). 더 많은 사람을 불러모으는 것으로, '모이다, 모으다'를 뜻한다. 또는 뚜껑 덮은 떡시루의 상형.

丿 亼 亼 亽 今 合 侖 侖 侖 會 會 會

會 모일 회

- 會談(회담) : 만나서 서로 의논함. 또는 그 일.
- 會食(회식) : 여럿이 모여 함께 음식을 먹는 일.
- 會合(회합) : 여럿이 모임.

談 : 말씀 **담**   食 : 밥/먹을 **식**   合 : 합할 **합**

公用 공공의 목적으로 사용함. 관청이나 공공 단체의 용무.

公

(훈) 공평할 (음) 공

공공(公共), 관청

八(여덟 팔)부, 총 4획

둘로 나누어진 팔(八) 아래에 사사로울 사(厶 · 私의 본자).
사사로움을 나누는 것으로, '공평하다'를 뜻한다. (반) 私 : 사사 **사**

丿 八 公 公

公

공평할 공

- 公告(공고) : 널리 세상에 알림.
- 公務(공무) : 공적인 일. 공공의 사무.
- 公衆(공중) : 사회의 여러 사람. 일반 사람들.

告 : 고할 **고**　務 : 힘쓸 **무**　衆 : 무리 **중**

用

(훈) 쓸 (음) 용

쓰이다, 용도, 작용

用(쓸 용)부, 총 5획

점 복(卜)과 맞힐 중(中). 옛날에는 점을 쳐서 맞아야 시행하는 것
으로, '쓰다'를 뜻한다. 용종(甬鐘)이라는 종의 상형.

丿 刀 月 月 用

用

쓸 용

- 用器(용기) : 기구를 씀. 또는 그 기구.
- 用例(용례) : 전부터 써 오는 실례.
- 用務(용무) : 볼일. 필요한 임무.

器 : 그릇 **기**　例 : 법식 **례**　務 : 힘쓸 **무**

高等 등급이나 수준이 높음. 🔄 下等(하등)

高

훈 높을 음 고

위, 고상하다

高(높을 고)부, 총 10획

성 위에 세워진 망루(누대)와 드나드는 문의 모양을 본뜬 글자로, '높다'를 뜻한다.

`丶 一 一 十 古 古 古 高 高 高`

高
높을 고

- 高低(고저) : 높음과 낮음. 높낮이.
- 高下(고하) : 높음과 낮음. 나음과 못함. 귀함과 비천함.
- 最高(최고) : 가장 높음. 제일임.

低 : 낮을 **저**　下 : 아래 **하**　最 : 가장 **최**

等

훈 무리 음 등

동아리, 같다, 등급

竹(대 죽)부, 총 12획

대 죽(竹 : 죽간)과 관청 시(寺). 관청에서 관리가 대쪽에 쓴 서류를 정리하는 것으로, '무리, 같은 것'을 뜻한다.

`丿 一 一 十 什 竺 竺 竺 笒 笒 笐 等 等`

等
무리 등

- 等級(등급) : 높고 낮음이나 좋고 나쁨에 따라 나눈 구분.
- 等分(등분) : 똑같이 나눔.
- 平等(평등) : 치우침이 없이 고르고 한결같음.

級 : 등급 **급**　分 : 나눌 **분**　平 : 평평할 **평**

神童  여러 가지 재주와 지혜가 남달리 뛰어난 아이.

보일 시(示)와 펼 신(申 : 번갯불).
번갯불을 펼쳐 보이는 것으로, '귀신, 신' 을 뜻한다.

`丶 亠 亍 示 示 剂 和 剂 剂 神`

神
귀신 신

神
간체자

훈 귀신　음 신
신, 상제(上帝)

示(보일 시)부, 총 10획

• 神技(신기) : 완전할 정도로 뛰어난 솜씨나 재주.
• 神靈(신령) : 민속 신앙에서 섬기는 모든 신.
• 神秘(신비) : 보통으로는 알 수 없는 놀랍고 신기한 일.

技 : 재주 기　靈 : 신령 령　秘 : 숨길 비

설 립(立)과 마을 리(里 · 重). 무거운 짐을 진 종을 뜻하였으나 변하여 '아이' 를 뜻한다. 또는, 마을에서 뛰노는 아이를 본떴다.

`丶 亠 亍 亍 立 产 充 音 音 音 童 童`

童
아이 동

童

훈 아이　음 동
어리석다, 눈동자

立(설 립)부, 총 12획

• 童心(동심) : 어린이의 마음. 또는, 어린이와 같은 순진한 마음.
• 童謠(동요) : 어린이의 감정이나 생활에 맞게 지어 부르는 노래.
• 童話(동화) : 어린이를 위해서 지은 이야기.

心 : 마음 심　謠 : 노래 요　話 : 말씀 화

書堂 마을 아이들을 모아 놓고 한문을 가르치는 곳. 글방.

書

(훈) 글 (음) 서

글씨, 책, 쓰다, 편지

日(가로 왈)부, 총 10획

붓 율(聿)과 말할 왈(曰). 말로 전해져 내려오는 것을 붓으로 옮겨 쓴 것으로, '글, 글씨'를 뜻한다.

ㄱ ㄱ ㅋ 글 聿 書 書 書 書 書

書
글 서

• **書庫(서고)** : 책을 간수하는 곳집. 文庫(문고).
• **書式(서식)** : 증서나 원서 등을 쓰는 일정한 양식.
• **書翰(서한)** : 편지. 書簡(서간).

　　庫 : 곳집 **고**　　式 : 법식 **식**　　翰 : 편지 **한**　　簡 : 대쪽/간략할 **간**

堂

(훈) 집 (음) 당

마루, 당당하다

土(흙 토)부, 총 11획

높일 상(尙)과 흙 토(土).
흙을 높이 돋우고 그 위에 지은 '집'을 뜻한다.

ㅣ ㅣ ㅙ ㅚ ㅛ 告 告 告 堂 堂 堂

堂
집 당

• **堂山(당산)** : 마을의 수호신을 모시는, 마을 근처의 산이나 언덕.
• **堂上(당상)** : 대청 위. 정삼품 이상의 벼슬아치.
• **祠堂(사당)** : 조상의 이름이 적힌 신주를 모셔 놓고 제사 지내는 집.

　　山 : 메 **산**　　上 : 윗 **상**　　祠 : 사당 **사**

成功 하고자 했던 일을 이룸. 목적한 바를 이룸. 🔄失敗(실패)

成

훈 이룰　음 성

이루어지다, 다스리다

戈(창 과)부, 총 7획

무성할 무(戊)와 장정 정(丁). 혈기 왕성한 장정은 무엇이든지 다 이룰 수 있는 것을 뜻한다.

丿 厂 厂 厉 成 成 成

成					
이룰 성					

- 成果(성과) : 일을 이룬 솜씨. 일이 이루어진 결과.
- 成熟(성숙) : 다 자람. 사물이 완성 단계에 들어섬. 열매가 익음.
- 成敗(성패) : 일의 됨과 아니 됨. 성공과 실패.

　　果 : 실과 **과**　熟 : 익을 **숙**　敗 : 패할 **패**

功

훈 공　음 공

일, 명예, 직무

力(힘 력)부, 총 5획

장인 공(工 : 공작하다)과 힘 력(力).
힘써 일하여 공을 이루는 것을 뜻한다.

一 T 工 功 功

功					
공 공					

- **功德**(공덕) : 공적과 덕행. 이룩한 훌륭한 일과 존경할 만한 인격.
- **功勞**(공로) : 어떤 일에 이바지한 공적과 노력.
- **功績**(공적) : 이루어 놓은 훌륭한 일. 쌓은 공로. 공로의 실적.

　　德 : 큰 **덕**　勞 : 일할 **로**　績 : 길쌈 **적**

信愛 믿음과 사랑. 믿고 사랑함.

信

훈 믿을 음 신

믿음, 분명히 하다, 신표

人(亻, 사람인변)부, 총 9획

사람 인(亻·人)과 말씀 언(言). 사람이 하는 말은 마음에서 우러 나오는 '믿음' 이 있어야 한다는 것을 뜻한다.

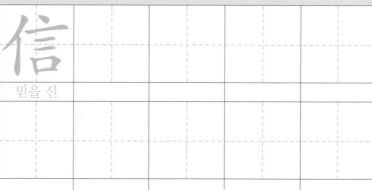

ノ 亻 亻 亻 亻 信 信 信 信

信
믿을 신

• 信念(신념) : 옳다고 굳게 믿고 있는 마음.
• 信用(신용) : 언행이나 약속이 틀림없을 것으로 믿음.
• 信望(신망) : 믿고 바람. 또는 믿음과 덕망.

念 : 생각 념   用 : 쓸 용   望 : 바랄 망

愛

훈 사랑 음 애

아끼다, 사랑하다

心(마음 심)부, 총 13획

받을 수(受)와 마음 심(心), 천천히 걸을 쇠(夂). 마음을 주고받으 니 떠나는 사람의 발걸음이 더디어지는 것으로, '사랑' 을 뜻한다.

ノ 亠 亠 亠 爫 爫 爫 愛 愛 愛 愛 愛 愛

愛
사랑 애

爱
간체자

• 愛國(애국) : 자기 나라를 사랑함.
• 愛情(애정) : 사랑하는 마음. 귀엽게 여기는 마음.
• 愛之重之(애지중지) : 매우 사랑하고 소중히 여김.

國 : 나라 국   情 : 뜻 정   之 : 갈 지   重 : 무거울 중

親孫 직계의 자손. 손자와 손녀.

親

훈 친할 **음** 친

사이좋게 지내다

見(볼 견)부, 총 16획

설 립(立)에 나무 목(木)과 볼 견(見).
나무를 심고 가까이에서 보살피는 것으로, '친하다'를 뜻한다.

丶 亠 立 立 호 효 ヱ 辛 亲 亲 亲 新 新 新 親 親

親
친할 친

亲
간체자

• 親交(친교) : 친하게 사귐.
• 親分(친분) : 아주 가깝고 친한 관계.
• 親兄弟(친형제) : 같은 부모에게서 난 형제.

交 : 사귈 교   分 : 나눌 분   兄 : 형 형   弟 : 아우 제

孫

훈 손자 **음** 손

자손, 싹, 움

子(아들 자)부, 총 10획

아들 자(子)와 이을 계(系). 아들이 아버지에 이어 대(代)를 잇는
것으로, '손자, 자손'을 뜻한다.

了 了 子 子' 子² 孫 孫 孫 孫 孫

孫
손자 손

孙
간체자

• 孫女(손녀) : 아들의 딸.
• 子孫(자손) : 어떤 사람에게서 태어난 자식이나 손자 등의 무리.
• 子子孫孫(자자손손) : 자손의 여러 대.

女 : 계집 녀   子 : 아들 자

身體 사람의 몸. 육체.

훈 **몸** 음 **신**

아이배다, 몸소

身(몸 신)부, 총 7획

사람이 아이를 밴 모양을 본떠, '아이배다'의 뜻을 나타내어 '몸'을 뜻한다.

身 身 身 身 身 身 身

身
몸 신

- 身分(신분) : 개인의 사회적인 지위와 계급.
- 身上(신상) : 한 사람의 개인적인 사정이나 형편.
- 身長(신장) : 몸의 길이. 키.

分 : 나눌 분   上 : 윗 상   長 : 긴 장

骨豊

훈 **몸** 음 **체**

신체, 팔다리, 모양

骨(뼈 골)부, 총 23획

뼈 골(骨)과 풍성할 풍(豊).
많은 뼈의 모임에서, '몸'을 뜻한다.

骨 骨 骨 骨 骨 骨 骨 骨 骨 骨 骨 骨 骨 骨 骨
體 體 體 體 體 體 體

體
몸 체

体
간체자

- 體格(체격) : 사람 몸의 크기나 뼈대나 생김새.
- 體面(체면) : 남을 대하기에 떳떳한 태도나 입장. 면목.
- 體重(체중) : 몸의 무게.

格 : 격식 격   面 : 낯 면   重 : 무거울 중

禮式 결혼식이나 약혼식 등 일정한 예법에 따라 하는 식.

禮

(훈) 예도 (음) 례

예절, 예물, 인사

示(보일 시)부, 총 18획

보일 시(示)와 풍년 풍(豊 : 제기).
풍성한 제물을 차려 놓고 신에게 바치는 의식으로, '예절' 을 뜻한다.

一 二 亍 亍 禾 禾 和 和 神 神 禮 禮 禮 禮 禮 禮 禮

禮
예도 례

礼
간체자

• 禮物(예물) : 사례의 뜻으로 주는 물건. 제례를 위한 물품.
• 禮法(예법) : 예의로 지켜야 할 법칙. 예절.
• 禮儀(예의) : 사람이 사회 생활을 하면서 지켜야 할 바른 몸가짐.

物 : 물건 **물**　法 : 법 **법**　儀 : 거동 **의**

式

(훈) 법 (음) 식

제도, 의식

弋(주살 익)부, 총 6획

주살 익(弋 : 말뚝)과 장인 공(工 : 공구).
규격에 맞는 안정된 말뚝으로, '법' 의 뜻을 나타낸다.

一 二 干 王 式 式

式
법 식

• 式順(식순) : 어떤 의식이 진행되는 순서.
• 式場(식장) : 의식이 거행되고 있는 장소.
• 儀式(의식) : 일정한 형식과 절차를 갖춘 행사나 예식.

順 : 순할 **순**　場 : 마당 **장**　儀 : 거동 **의**

代理 남을 대신하여 일을 처리함. 또는 그 사람.

代

(훈) 대신 (음) 대

세대, 시대

亻(人, 사람인변)부, 총 5획

사람 인(亻·人)과 주살 익(弋). 앞 세대와 뒤 세대의 사람이 번갈아 든다는 데서 '대신하다' 의 뜻을 나타낸다.

ノ	イ	仁	代	代			

代
대신 대

• 代金(대금) : 값. 물건을 판 사람에게 지불하는 돈.
• 代表(대표) : 개인이나 단체를 대신하여 책임을 지는 일. 또는 그런 사람.
• 時代(시대) : 역사적으로 구분한 기간. 세상

金 : 쇠 금, 성 김   表 : 겉 표   時 : 때 시

理

(훈) 다스릴 (음) 리

이치, 깨닫다

王(구슬옥변)부, 총 11획

구슬 옥(王·玉)과 마을 리(里). 옥의 줄무늬가 아름답게 보이도록 갈고 다듬는 것으로, '다스리다, 이치' 를 뜻한다.

一	二	干	王	王	珇	珇	珇	珇	理	理

理
다스릴 리

• 理念(이념) : 옳다고 생각하는 이상적인 생각.
• 理論(이론) : 줄거리를 세워서 생각을 마무리한 것.
• 理性(이성) : 사물의 이치를 논리적으로 생각하고 판단하는 능력.

念 : 생각 념   論 : 논할 론   性 : 성품 성

在京 서울에 머물러 있음.

(훈) 있을 (음) 재

찾다, 살다

土(흙 토)부, 총 6획

초목의 싹을 뜻하는 재(才·才)와 흙 토(土).
새싹이 흙에 뿌리를 박고 있는 것을 뜻한다.

一 ナ 才 才 存 在

在
있을 재

- 在庫(재고) : 창고에 있음. 재고품(在庫品).
- 在來(재래) : 전부터 있어 내려온 것.
- 在野(재야) : 초야에 묻혀 있음. 벼슬하지 아니하고 민간에 있음.

庫 : 곳집 **고**   品 : 물건 **품**   來 : 올 **래**   野 : 들 **야**

(훈) 서울 (음) 경

수도, 크고 높다

亠(돼지해머리)부, 총 8획

높은 언덕 위에 서 있는 집 모양을 본뜬 글자.
'높은 언덕, 서울'을 뜻한다.

丶 一 亠 亠 吉 亨 京 京

京
서울 경

- 京城(경성) : '서울'을 일컫던 말. 궁성. 대궐.
- 京風(경풍) : 서울 풍속. 풍치 있는 모양.
- 京鄕(경향) : 서울과 시골.

城 : 재 **성**   風 : 바람 **풍**   鄕 : 시골 **향**

交通  탈것을 이용하여 정해진 길로 다니는 일.

交

(훈) 사귈 (음) 교

섞이다, 서로

亠(돼지해머리)부, 총 6획

사람이 정강이를 엇걸어 꼬는 모양을 본뜬 글자.
두 발이 나가는 모습에서 '사귀다, 서로'를 뜻한다.

`丶 一 亠 六 亥 交`

交
사귈 교

- 交代(교대) : 어떤 일을 서로 번갈아 함.
- 交流(교류) : 서로 만나서 흐름.
- 交換(교환) : 서로 바꿈. 서로 주고받음.

代 : 대신 대   流 : 흐를 류   換 : 바꿀 환

通

(훈) 통할 (음) 통

오가다, 전하다

辶(책받침)부, 총 11획

대롱 용(甬)과 쉬엄쉬엄 갈 착(辶·辵).
대롱처럼 장해물 없이 잘 통하는 것을 뜻한다.

`丆 マ ア 丙 丙 甬 甬 涌 通 通`

通
통할 통

通
간체자

- 通達(통달) : 꿰뚫어 통함. 사물의 이치를 환히 앎.
- 通用(통용) : 일반에 널리 쓰임.
- 通行(통행) : 일정한 공간을 통하여 다님.

達 : 통달할 달   用 : 쓸 용   行 : 다닐 행, 항렬 항

各部 각각의 부분.

各

훈 각각 　음 **각**

제각기, 따로따로

口(입 구)부, 총 6획

뒤처져 올 치(夂)와 입 구(口).
신령이 내려오는 뜻이었으나 가차하여 '각각' 으로 쓰인다.

ノ ク 夂 夂 各 各

各					
각각 각					

- 各別(각별) : 각각 다름.
- 各樣各色(각양각색) : 여러 가지 모양과 빛깔.
- 各種(각종) : 여러 가지 종류. 갖가지. 各色(각색).

別 : 다를/나눌 **별**　樣 : 모양 **양**　色 : 빛 **색**　種 : 씨 **종**

部

훈 떼 　음 **부**

무리, 나누다

阝(邑, 우부방)부, 총 11획

가를 부(音)와 고을 읍(阝·邑).
본래 땅 이름이었으나 가른(나눈) 부문을 뜻한다.

丶 ㅗ ㅗ 立 咅 咅 咅 咅 部 部 部

部					
떼 부					

- 部隊(부대) : 한 단위의 군대.
- 部落(부락) : 동네 마을. 한 민족이 모여 사는 곳.
- 本部(본부) : 한 기관의 중심이 되는 조직.

隊 : 무리 **대**　落 : 떨어질 **락**　本 : 근본 **본**

定席 정해진 자리. 어떤 사람이 늘 앉는 자리.

定

훈 정할 음 정

바로잡다, 정해지다

宀(갓머리)부, 총 8획

움집 면(宀)과 바를 정(疋·正).
집이 똑바로 정하여지다의 뜻을 나타낸다.

丶 丶 宀 宀 宀 宇 宇 定 定

定 정할 정

- **定價**(정가) : 정해진 값. 매겨 놓은 값. 값.
- **定規**(정규) : 정해진 규약이나 규칙.
- **定員**(정원) : 정해진 인원 수.

價 : 값 가   規 : 법 규   員 : 인원 원

席

훈 자리 음 석

직위, 차지한 곳

巾(수건 건)부, 총 10획

무리 서(庶·庶 : 풀을 엮은 깔개)와 돗자리를 뜻하는 수건 건(巾).
깔개, 곧 '자리'의 뜻을 나타낸다.

丶 一 广 广 庐 庐 庐 庐 庐 席 席

席 자리 석

- **席卷**(석권) : 자리를 말아 가듯이 모조리 차지하는 일.
- **席上**(석상) : 어떤 모임의 자리.
- **席次**(석차) : 자리의 차례. 성적의 순서.

卷 : 책 권   上 : 윗 상   次 : 버금 차

圖章 나무 등에 이름을 새겨 인주를 발라 종이에 찍는 물건.

圖

훈 그림 음 도

지도, 꾀하다

囗(큰입구몸)부, 총 14획

에울 위(囗) 안에 마을 비(啚·鄙 : 농토 구역).
경계를 명확히 하기 위한 '지도, 그림'을 뜻한다.

丨 冂 冂 冂 冂 冃 冒 图 图 图 图 图 圖 圖

圖

그림 도

图

간체자

- 圖鑑(도감) : 그림이나 사진을 설명한 책.
- 圖謀(도모) : 어떤 일을 이루려고 꾀함.
- 圖案(도안) : 어떤 형상을 선과 색채로 간결하게 나타낸 그림.

鑑 : 거울 **감**   謀 : 꾀 **모**   案 : 책상 **안**

章

훈 글 음 장

문채, 문장

立(설 립)부, 총 11획

소리 음(音)과 열 십(十).
글이나 음악이 일단락된, '장'을 뜻한다.

丶 二 二 立 立 产 音 音 音 音 章 章

章

글 장

- 章句(장구) : 글의 장(章)과 구(句).
- 章程(장정) : 여러 조목으로 정한 규정.
- 文章(문장) : 글월. 글자로 기록한 것.

句 : 글귀 **구**   程 : 한도/길 **정**   文 : 글월 **문**

多幸 염려했던 일이 좋아져 마음이 놓임. 운수가 좋음.

훈 **많을** 음 **다**

많아지다, 뛰어남

夕(저녁 석)부, 총 6획

저녁 석(夕)과 저녁 (夕).
夕은 고기의 상형으로 고기의 살이 '많다' 를 뜻한다.

ノ ク タ タ 多 多

多　많을 다

- **多多益善**(다다익선) : 많으면 많을수록 더 좋음.
- **多量**(다량) : 많은 분량.　반 **少量**(소량)
- **多少**(다소) : 분량의 많음과 적음. 조금이긴 하지만 어느 정도.

益 : 더할 **익**　善 : 착할 **선**　量 : 헤아릴 **량**　少 : 적을 **소**

훈 **다행** 음 **행**

요행, 혜택

干(방패 간)부, 총 8획

쇠고랑을 찬 사람의 모습을 본뜬 글자. 다행히도 쇠고랑을 면하
여, 감옥에 가지 않음을 '다행' 으로 여긴다는 뜻을 나타낸다.

一 十 土 卉 夳 去 幸 幸

幸　다행 행

- **幸福**(행복) : 만족하여 부족함이나 불만이 없는 상태.　반 **不幸**(불행)
- **幸運**(행운) : 행복한 좋은 운수. 好運(호운).
- **天幸**(천행) : 하늘이 준 행복이나 좋은 운수.

福 : 복 **복**　運 : 옮길 **운**　好 : 좋을 **호**　天 : 하늘 **천**

米飮 쌀이나 좁쌀을 푹 끓여 체에 밭인 음식.

米

훈 **쌀** 음 **미**

열매, 단위

米(쌀 미)부, 총 6획

벼(禾)의 이삭 끝에 달린 열매, 또는 낟알이 흩어져 있는 모양을 본뜬 글자.

丶 丷 ⺍ ⺌ 半 米 米

米 쌀 미

• 米穀(미곡) : 쌀. 곡식.
• 米粒(미립) : 쌀의 낟알. 쌀알.
• 米壽(미수) : 여든여덟 살.

穀 : 곡식 **곡**   粒 : 낟알 **립**   壽 : 목숨 **수**

飮

훈 **마실** 음 **음**

마실 것, 음료

食(밥 식)부, 총 13획

밥식(飠·食)과 하품할 흠(欠).
입에 술을 머금은 것으로, '마시다'를 뜻한다.

丿 𠂉 𠂉 ⻌ 钅 亼 亽 亽 飠 飠 飮 飮 飮

飮 마실 음

饮
간체자

• 飮毒(음독) : 독약을 먹음.
• 飮料(음료) : 물이나 술 등 마시는 것의 총칭.
• 飮食(음식) : 먹고 마시는 물건. 음식물.

毒 : 독 **독**   料 : 헤아릴 **료**   食 : 밥/먹을 **식**

洋服 남자가 입는 서양식 의복.

洋

훈 큰바다 음 양

서양

氵(삼수변)부, 총 9획

물 수(氵·水)와 양 양(羊·羊 : 크고 넓다). 물이 크고 넓은 모양을 나타내어 물결이 출렁이는 '넓은 바다' 를 뜻한다.

丶丶氵氵氵浐浐浐浐浐洋

洋
큰바다 양

- 洋洋(양양) : 바다가 한없이 넓게 펼쳐져 있음. 득의한 모양.
- 洋食(양식) : 한식에 대하여 서양 음식.
- 海洋(해양) : 크고 넓은 바다.

食 : 밥/먹을 식   海 : 바다 해

服

훈 옷 음 복

의복, 복종

月(달 월)부, 총 8획

배 주(月·舟)와 다스릴 복(⻏ : 수습함).
배를 다스리는 것으로, 몸에 붙이는 '옷' 을 뜻한다.

丿 刀 月 月 肝 肝 服 服

服
옷 복

- 服務(복무) : 직무를 맡아 봄.
- 服色(복색) : 신분에 맞추어 입는 옷의 꾸밈새.
- 服從(복종) : 남의 의사나 명령에 따름.

務 : 힘쓸 무   色 : 빛 색   從 : 좇을 종

昨今 어제와 오늘. 요즈음. 요사이.

昨

훈 어제 음 작

앞서, 옛날

日(날 일)부, 총 9획

날 일(日)과 잠깐 사(乍).
하루 해가 잠깐 사이에 지나가는 것으로, '어제, 앞서'를 뜻한다.

| 丨 | 冂 | 冃 | 日 | 日' | 旷 | 昨 | 昨 | 昨 |

昨
어제 작

- 昨年(작년) : 지난 해. 지난 연도.   반 來年(내년)
- 昨夜(작야) : 어젯밤.
- 昨日(작일) : 어제.   반 來日(내일). 明日(명일)

年 : 해 년   來 : 올 래   夜 : 밤 야   日 : 날 일

今

훈 이제 음 금

지금, 곧, 오늘

人(사람 인)부, 총 4획

모을 집(亼 · 集의 획 줄임)에 이르러 닿음을 나타낸 ㄱ을 받친 글자.

| 丿 | 人 | 仝 | 今 |

今
이제 금

- 今明間(금명간) : 오늘이나 내일 사이.
- 今方(금방) : 이제 방금. 지금 막. 바로 이제.
- 今時(금시) : 이제. 지금.

明 : 밝을 명   間 : 사이 간   方 : 모 방   時 : 때 시

예 多事多難했던 한 해가 가고 희망찬 새해가 밝아 오고 있습니다.

▶▶ 여러 가지 일도 많고 어려움도 많음.

多	事	多	難
많을 다	일 사	많을 다	어려울 난

예 이번 학예회 건에 있어서는 나도 반장의 의견과 **大同小異**하다.

▶▶ '크게 보면 같고 작게 보면 다르다'는 뜻으로, 큰 차이가 없이 거의 같고 조금 다름. 서로 비슷비슷함.

大	同	小	異
큰 대	한가지 동	작을 소	다를 이

한자 연습 문제

1 다음 漢字語(한자어)의 讀音(독음)을 쓰세요.

> **보기**   家訓 ➡ 가훈

(1) 交通 (　　)   (2) 代理 (　　)   (3) 社會 (　　)

(4) 成功 (　　)   (5) 洋服 (　　)   (6) 高等 (　　)

(7) 書堂 (　　)   (8) 身體 (　　)   (9) 公用 (　　)

(10) 神童 (　　)   (11) 禮式 (　　)   (12) 在京 (　　)

(13) 圖章 (　　)   (14) 多幸 (　　)   (15) 米飮 (　　)

(16) 昨今 (　　)   (17) 信愛 (　　)   (18) 各部 (　　)

2 다음 漢字(한자)의 訓(훈)과 音(음)을 〈보기〉와 같이 써 보세요.

> **보기**   家 ➡ 집 가

(19) 定 (　　)   (20) 親 (　　)   (21) 席 (　　)

(22) 孫 (　　)   (23) 體 (　　)   (24) 禮 (　　)

(25) 飮 (　　)   (26) 等 (　　)   (27) 信 (　　)

(28) 服 (　　)   (29) 理 (　　)   (30) 通 (　　)

(31) 會 (　　)   (32) 神 (　　)   (33) 圖 (　　)

(34) 米 (　　)   (35) 式 (　　)   (36) 社 (　　)

(37) 在 (　　)   (38) 部 (　　)   (39) 代 (　　)

3 다음 漢字(한자)의 反對(반대) 또는 相對(상대)되는 漢字를 골라 그 번호를 쓰세요.

(40) 成 : ① 高　　② 各　　③ 敗　　④ 章　　(　　　)

(41) 多 : ① 愛　　② 少　　③ 公　　④ 量　　(　　　)

(42) 京 : ① 市　　② 在　　③ 代　　④ 鄕　　(　　　)

4 다음 漢字(한자)와 뜻이 같은 漢字(한자)를 골라 그 번호를 쓰세요.

(43) 章 : ① 交　　② 書　　③ 幸　　④ 身　　(　　　)

(44) 堂 : ① 部　　② 定　　③ 家　　④ 京　　(　　　)

5 다음 漢字語(한자어)의 뜻을 쓰세요.

(45) 昨年(작년) :

(46) 功勞(공로) :

6 다음 □ 속에 들어갈 漢字(한자)를 〈보기〉에서 골라 그 번호를 쓰세요.

> 보기　　①多　②幸　③句　④章　⑤圖

(47) □福 : 만족하여 부족함이나 불만이 없는 상태.

(48) 文□ : 글월. 글자로 기록한 것.

7 다음 단어의 漢字語(한자어)를 쓰세요.

(49) 사교 (　　　)　　(50) 회식 (　　　)　　(51) 용례 (　　　)

(52) 동화 (　　　)　　(53) 서식 (　　　)　　(54) 성과 (　　　)

(55) 공로 (　　　)　　(56) 애국 (　　　)　　(57) 손녀 (　　　)

(58) 식장 (　　　)　　(59) 시대 (　　　)　　(60) 음식 (　　　)

社	社						
모일 사	모일 사						

會	會						
모일 회	모일 회						

公	公						
공평할 공	공평할 공						

用	用						
쓸 용	쓸 용						

高	高						
높을 고	높을 고						

等	等						
무리 등	무리 등						

神	神						
귀신 신	귀신 신						

童	童						
아이 동	아이 동						

書	書						
글 서	글 서						

堂	堂						
집 당	집 당						

成	成							
이룰 성	이룰 성							

功	功							
공 공	공 공							

信	信							
믿을 신	믿을 신							

愛	愛							
사랑 애	사랑 애							

親	親							
친할 친	친할 친							

孫	孫							
손자 손	손자 손							

身	身							
몸 신	몸 신							

體	體							
몸 체	몸 체							

禮	禮							
예도 례	예도 례							

式	式							
법 식	법 식							

代	代						
대신 대	대신 대						

理	理						
다스릴 리	다스릴 리						

在	在						
있을 재	있을 재						

京	京						
서울 경	서울 경						

交	交						
사귈 교	사귈 교						

通	通						
통할 통	통할 통						

各	各						
각각 각	각각 각						

部	部						
떼 부	떼 부						

定	定						
정할 정	정할 정						

席	席						
자리 석	자리 석						

圖	圖					
그림 도	그림 도					

章	章					
글 장	글 장					

多	多					
많을 다	많을 다					

幸	幸					
다행 행	다행 행					

米	米					
쌀 미	쌀 미					

飮	飮					
마실 음	마실 음					

洋	洋					
큰바다 양	큰바다 양					

服	服					
옷 복	옷 복					

昨	昨					
어제 작	어제 작					

今	今					
이제 금	이제 금					

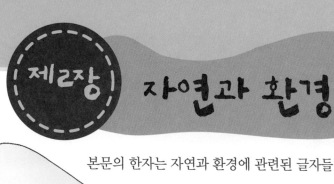

제2장 자연과 환경

본문의 한자는 자연과 환경에 관련된 글자들입니다.

根本　樂園　新綠
始作　光線　果樹
病弱　失明　晝夜
溫和　朴野　淸美
雪衣　陽窓　第庭
永遠　死由　銀路

根本  사물의 바탕이나 중심이 되는 부분. 근원(根源).

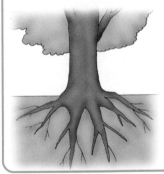

훈 뿌리 **음** 근

사물의 밑부분

木(나무 목)부, 총 10획

나무 목(木)과 그칠 간(艮).
나무가 끝나는 부분, '뿌리, 근본'을 뜻한다.

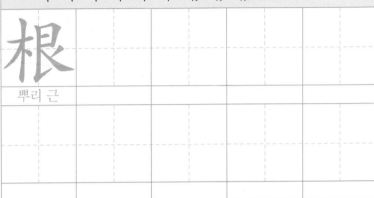

一 十 オ 木 杧 杧 杧 椆 椆 根

根
뿌리 근

- 根幹(근간) : 뿌리와 줄기. 어떤 사물의 가장 중심이 되는 부분.
- 根據(근거) : 의견이나 이론 등의 출처.
- 根源(근원) : 일의 밑바탕.

幹 : 줄기 **간**   據 : 근거 **거**   源 : 근원 **원**

本

훈 근본 **음** 본

근원, 뿌리, 바탕

木(나무 목)부, 총 5획

나무 목(木)과 한 일(一).
나무 밑둥의 뿌리를 나타내어 '근본'을 뜻한다.

一 十 オ 木 本

本
근본 본

- 本國(본국) : 자기가 태어난 나라.   **반** 他國(타국)
- 本來(본래) : 처음의 상태. 또는 달라지기 전의 상태.
- 本文(본문) : 책에서 주요 내용을 이루는 부분의 글.

國 : 나라 **국**   他 : 다를 **타**   來 : 올래   文 : 글월 **문**

樂園 아무 근심이나 걱정이 없이 행복하게 살 수 있는 곳.

樂

훈 즐길　음 락
훈 노래　음 악
훈 좋아할　음 요

木(나무 목)부, 총 15획

나무(木) 위에 크고 작은 북(絲)이 걸려 있는 모양.
파생하여 쓰인다.

丿 ⺅ 白 白 白 帛 帛 綿 綿 樂 樂 樂 樂 樂

樂
즐길 락, 노래 악, 좋아할 요

乐
간체자

• 樂曲(악곡) : 음악의 곡조(曲調).
• 樂觀(낙관) : 모든 사물의 형편을 좋게 봄. 반 悲觀(비관)
• 樂山樂水(요산요수) : 산수를 좋아함.

曲 : 굽을 곡　調 : 고를 조　觀 : 볼 관　悲 : 슬플 비

園

훈 동산　음 원

정원, 뜰, 별장

囗(큰입구몸)부, 총 13획

에울 위(囗) 안에 옷 치렁거릴 원(袁). 과일이 치렁치렁 열린 과일
나무를 울타리로 둘러싸인 '동산' 을 뜻한다.

丨 冂 冂 冃 周 周 周 周 周 園 園 園 園

園
동산 원

园
간체자

• 園頭(원두) : 밭에 심은 오이 · 참외 등의 총칭.
• 園藝(원예) : 채소나 화훼 · 과수 따위를 심어 가꾸는 일, 또는 그 기술.
• 公園(공원) : 여러 시설을 해 놓은 큰 정원이나 지역.

頭 : 머리 두　藝 : 재주 예　公 : 공평할 공

新綠 초여름에 새로 나온 잎의 푸른 빛.

新

훈 새 음 신

새로워지다

斤(날 근)부, 총 13획

설 립(立)과 나무 목(木), 도끼 근(斤).
나무를 찍어낸 자리가 선명하여 새롭다는 뜻.

`丶 亠 ㄊ ㄊ 立 후 후 후 亲 亲 新 新 新`

新
새 신

- 新設(신설) : 어떤 기구나 시설 등을 새로 마련함.
- 新春(신춘) : 새봄. 새해.
- 新婚(신혼) : 갓 결혼한 상태.

設 : 베풀 **설** 春 : 봄 **춘** 婚 : 혼인할 **혼**

綠

훈 푸를 음 록

초록빛

糸(실 사)부, 총 14획

실 사(糸)와 두레박으로 퍼 올린 물 록(彔).
초록빛의 실, '푸르다' 를 뜻한다.

`ㄥ ㄥ ㄠ 幺 糸 糸 糸 紆 紵 綠 綠 綠 綠 綠`

綠
푸를 록

绿
간체자

- 綠色(녹색) : 청색과 황색의 중간색. 푸른 색.
- 綠水(녹수) : 푸른 물.
- 綠茶(녹차) : 푸른빛이 그대로 나도록 말린 차.

色 : 빛 **색** 水 : 물 **수** 茶 : 차 **다·차**

始作 어떤 일의 진행 과정에서 처음으로 함.

始

훈 비로소 음 시

비롯하다, 시작

女(계집 녀)부, 총 8획

계집 녀(女)와 기를 이(台 : 깨끗이 닦은 농기구).
농사일의 첫 의식으로 '비로소, 시작' 을 뜻한다.

ㄑ ㄠ 女 女' 女'' 妒 始 始

始 비로소 시

- 始動(시동) : 처음으로 움직임. 움직이기 시작함.
- 始末(시말) : 일의 처음과 끝. 일의 전말. 始終(시종).
- 始祖(시조) : 한 겨레의 맨 처음 되는 조상.

動 : 움직일 동   末 : 끝 말   終 : 마칠 종   祖 : 할아비 조

作

훈 지을 음 작

만들다, 일어나다

亻(人, 사람인변)부, 총 7획

사람 인(亻·人)과 잠깐 사(乍).
나뭇가지를 베어내는 것으로 '짓다, 만들다' 를 뜻한다.

丿 亻 亻' 亻'' 作 作 作

作 지을 작

- 作家(작가) : 글 쓰는 일을 본업으로 하거나 예술품의 제작자.
- 作業(작업) : 일정한 계획과 목표로 일을 함.
- 作用(작용) : 어떤 것이 다른 것에 변화를 주거나 영향을 미침.

家 : 집 가   業 : 업 업   用 : 쓸 용

光線 태양에서 나오는 빛. 또는 레이저 등의 빛줄기.

光

(훈) 빛 (음) 광

재능 · 명성이 빛나다

儿(어진사람인발)부, 총 6획

불 화(火)와 우뚝 선 사람 (儿).
사람의 머리 위에 불(火)이 있는 모양으로 '빛' 을 뜻한다.

丨 丷 丷 业 业 光 光

光
빛 광

- 光景(광경) : 어떤 일이나 현상이 눈앞에 벌어지는 장면이나 모습.
- 光明(광명) : 밝고 환함. 희망이나 밝은 미래.
- 光復(광복) : 일본의 지배에서 나라의 주권을 되찾은 일.

景 : 볕 경   明 : 밝을 명   復 : 회복할 복, 다시 부

線

(훈) 줄 (음) 선

금, 실

糸(실 사)부, 총 15획

실 사(糸)와 샘 천(泉). 실이 샘처럼 실패에서 끊이지 않고 풀려 나
오는 것으로, '줄' 을 뜻한다.

丿 幺 幺 幺 糸 糸 糸 糸 約 紗 紗 絲 綧 線 線 線

線
줄 선

线
간체자

- 線路(선로) : 기차 따위의 길. 좁은 길.
- 線狀(선상) : 선처럼 가는 줄을 이룬 모양.
- 線形(선형) : 선처럼 가늘고 긴 모양.

路 : 길 로   狀 : 형상 상, 문서 장   形 : 모양 형

果樹 과실이 열리는 나무. 사과나무·배나무 등.

果

훈 실과 음 과

나무의 열매, 해내다

木(나무 목)부, 총 8획

나무(木) 위에 달린 둥근 열매(田)를 본떠, '과실, 나무의 열매'를 뜻한다.

丨 冂 冃 日 旦 甲 果 果

果
실과 과

- 果敢(과감) : 결단성 있고 용감함.
- 果實(과실) : 사람이 먹을 수 있는 나무의 열매. 과일.
- 果然(과연) : 참으로 그러함.

敢 : 감히/구태여 **감**   實 : 열매 **실**   然 : 그럴 **연**

樹

훈 나무 음 수

초목, 심다

木(나무 목)부, 총 16획

나무 목(木)과 세울 수(尌).
수목이나 농작물을 세워 심는 것으로, '나무'를 뜻한다.

一 十 才 才 木 杧 栏 栏 桂 桂 桂 梼 梼 桂 樹 樹

樹
나무 수

树
간체자

- 樹齡(수령) : 나무의 나이.
- 樹木(수목) : 살아 있는 나무.
- 常綠樹(상록수) : 나뭇잎이 언제나 푸른 나무.

齡 : 나이 **령**   木 : 나무 **목**   常 : 항상 **상**   綠 : 푸를 **록**

病弱 몸이 약하여 병을 자주 앓음. 凹 强健(강건)

病

훈 병 음 병

질병, 앓다

疒(병질 엄)부, 총 10획

병 녁(疒)과 밝을 병(丙 : 퍼지다).
병이 넓게 퍼져 무거워지는 것으로, '병들다' 를 뜻한다.

丶 一 广 广 广 疒 疒 疖 病 病 病

병 병

- 病苦(병고) : 병으로 인한 고통.
- 病院(병원) : 환자를 진찰하고 치료하는 곳.
- 病害(병해) : 병으로 말미암아 입는 피해.

苦 : 쓸 고   院 : 집 원   害 : 해할 해

弱

훈 약할 음 약

쇠약하다

弓(활 궁)부, 총 10획

궁(弓)은 휘는 활, 삼(彡)은 부드러운 털의 상형. 어린 새 두 마리
의 날개를 나란히 펼친 모양으로, '약하다' 의 뜻을 나타낸다.

フ ヲ 弓 弓 弓 弓 弱 弱 弱 弱

약할 약

- 弱骨(약골) : 골격이 약함. 또는 그 골격.
- 弱小(약소) : 국가나 조직 등의 힘이나 세력이 약하고 작음. 凹 强大(강대)
- 弱者(약자) : 힘이나 권세가 약한 사람.

骨 : 뼈 골   小 : 작을 소   强 : 강할 강   者 : 놈 자

 失明 시력을 잃어 앞을 볼 수 없게 됨.

失

훈 잃을 음 실

잘못, 졸렬

大(큰 대)부, 총 5획

손 수(手)와 굽을 을(乙).
乙은 손에서 벗어난 물건의 뜻으로, '잃다' 의 뜻을 나타낸다.

丿 ㄠ ㅡ 牛 失

失

잃을 실

- 失格(실격) : 자격을 잃음. 격식에 맞지 않음.
- 失望(실망) : 일이 바라던 대로 되지 않아 마음이 상함.
- 失手(실수) : 무슨 일에서 잘못됨.

格 : 격식 격　望 : 바랄 망　手 : 손 수

明

훈 밝을 음 명

밝히다, 맑다

日(날 일)부, 총 8획

날 일(日)과 달 월(月).
해와 달이 함께 있으니 더욱 밝고 맑은 것을 뜻한다.

丨 冂 冂 日 日 明 明 明

明

밝을 명

- 明堂(명당) : 썩 좋은 묏자리나 집터.
- 明白(명백) : 의심할 여지가 없이 분명함.
- 明暗(명암) : 밝음과 어두움. 색의 농도나 밝기의 정도.

堂 : 집 당　白 : 흰 백　暗 : 어두울 암

晝夜 낮과 밤. 밤낮.

晝

훈 낮 음 주

대낮, 한낮

日(날 일)부, 총 11획

그을 획(聿 · 晝의 획 줄임)과 날 일(日).
해돋이에서 해질 때까지의 기간을 뜻한다.

ㄱ ㄱ ㅋ ㅋ 글 聿 晝 晝 晝 晝 晝

晝
낮 주

昼
간체자

• 晝間(주간) : 어떤 일을 하는 시간으로서의 낮 동안.　반 夜間(야간)
• 晝耕夜讀(주경야독) : '낮에는 일하고 밤에는 공부한다' 는 뜻으로, 어
  려운 환경 속에서도 열심히 공부한다는 말.

間 : 사이 간　夜 : 밤 야　耕 : 밭갈 경　讀 : 읽을 독, 구절 두

夜

훈 밤 음 야

새벽, 어둠

夕(저녁 석)부, 총 8획

또 역(亦 : 겨드랑이 밑)과 저녁 석(夕).
달이 아주 가깝게 뜬 '밤' 의 뜻을 나타낸다.

丶 亠 广 疒 疒 疗 夜 夜

夜
밤 야

• 夜景(야경) : 밤에 보는 경치.
• 夜光(야광) : 어둠 속에서 빛을 내는 상태. 또는 그런 물체.
• 夜學(야학) : 밤에 수업하는 학교. 밤에 공부함.

景 : 볕 경　光 : 빛 광　學 : 배울 학

溫和 날씨가 맑고 따뜻함. 성질이나 태도 등이 순하고 부드러움.

溫

훈 따뜻할 음 온

온화하다

氵(삼수변)부, 총 13획

물 수(氵·水)와 온화할 온(昷).
따뜻한 물을 뜻한다.

丶 丶 氵 氵 沪 沪 沪 沪 沪 沪 沪 溫 溫 溫

溫
따뜻할 온

溫
간체자

• 溫暖(온난) : 날씨가 따뜻함.
• 溫順(온순) : 성질이나 마음씨가 온화하고 양순함.
• 溫厚(온후) : 마음씨나 태도가 부드럽고 무던함.

暖 : 따뜻할 난   順 : 순할 순   厚 : 두터울 후

和

훈 화할 음 화

조화됨, 알맞음

口(입 구)부, 총 8획

벼 화(禾 : 만나다)와 입 구(口).
사람의 목소리가 '조화를 이루다, 화목하다' 의 뜻을 나타낸다.

丿 一 二 千 禾 禾 和 和 和

和
화할 화

• 和氣(화기) : 평온한 기분. 누그러진 마음.
• 和樂(화락) : 함께 모여서 사이좋게 즐김.
• 和親(화친) : 의좋게 지냄. 또는 그러한 관계.

氣 : 기운 기   樂 : 즐길 락, 노래 악, 좋아할 요   親 : 친할 친

朴野 꾸밈이 없이 순수하며 촌스러움.

훈 성 음 박

나무껍질

木(나무 목)부, 총 6획

나무 목(木)과 점칠 복(卜).
나무껍질이 갈라진 자연 그대로인 순박한 것을 뜻한다.

一 十 オ 木 朴 朴

朴
성박

• 朴訥(박눌) : 꾸밈이 없이 소박하고 말 주변이 없음.
• 朴厚(박후) : 인품이 후하고 소박함.
• 質朴(질박) : 꾸민 데가 없이 순수함.

訥 : 말더듬을 눌   厚 : 두터울 후   質 : 바탕 질

野

훈 들 음 야

교외, 마을

里(마을 리)부, 총 11획

마을 리(里)와 줄 여(予).
넓고 활달한 곳, '들'을 뜻한다.

丨 口 日 日 甲 里 里 野 野 野

野
들 야

• 野談(야담) : 민간에서 전해 오는 역사 이야기.
• 野望(야망) : 큰 포부. 분에 넘치는 욕망.
• 野外(야외) : 도시나 마을에서 좀 떨어져 있는 들. 건물 밖.

談 : 말씀 담   望 : 바랄 망   外 : 바깥 외

清美 맑고 아름다움.

清

훈 맑을　음 청

갚다, 다스려지다

氵(삼수변)부, 총 11획

물 수(氵 · 水)와 푸를 청(靑).
물이 깨끗하고 맑은 것을 뜻한다.

丶 丶 氵 氵 氵 汒 泸 清 清 清 清

清
맑을 청

- 清潔(청결) : 맑고 깨끗함.
- 清算(청산) : 빚이나 주고받을 돈을 셈하여 깨끗이 처리함.
- 清純(청순) : 깨끗하고 순수함.

潔 : 깨끗할 결　算 : 셈 산　純 : 순수할 순

美

훈 아름다울　음 미

맛나다

羊(양 양)부, 총 9획

양 양(羊)과 큰 대(大).
크고 훌륭한 양으로, '아름답다, 맛있다' 를 뜻한다.

丶 丷 丷 半 半 羊 羊 美 美

美
아름다울 미

- 美談(미담) : 아름다운 이야기. 갸륵한 이야기.
- 美德(미덕) : 아름다운 덕. 훌륭한 덕.
- 美風良俗(미풍양속) : 예로부터 전해 오는 아름답고 좋은 풍속.

談 : 말씀 담　德 : 큰 덕　風 : 바람 풍　良 : 어질 량　俗 : 풍속 속

雪衣 눈처럼 흰 옷.

훈 눈 음 설

눈이 오다, 희다

雨(비 우)부, 총 11획

비 우(雨)와 비로 쓸 혜(⺕). 비가 얼어서 내리는 눈은 빗자루로 쓸어서 깨끗이 하는 것으로, '눈'을 뜻한다.

一 � 一 一 雨 雨 雪 雪 雪 雪 雪

雪

눈 설

- 雪景(설경) : 눈이 내리거나 쌓인 경치.
- 雪山(설산) : 눈이 쌓인 산. 히말라야의 산지.
- 雪上加霜(설상가상) : '눈 위에 서리를 더한다'는 뜻으로, 어려움이 거듭됨의 비유.

景 : 볕 경   山 : 메 산   上 : 윗 상   加 : 더할 가   霜 : 서리 상

훈 옷 음 의

의복, 옷 입다

衣(옷 의)부, 총 6획

사람이 겉저고리를 입고 깃을 여민 모양을 본떠, '옷'을 뜻한다.

丶 一 ㄱ 衣 衣 衣

衣

옷 의

- 衣冠(의관) : 의복과 갓. 옷차림.
- 衣類(의류) : 옷의 종류.
- 衣食住(의식주) : 생활의 기본적인 요소로 입고 먹고 사는 곳을 일컬음.

冠 : 갓 관   類 : 무리 류   食 : 밥/먹을 식   住 : 살 주

62

陽窓 남쪽의 햇볕이 잘 드는 창문.

陽

(훈) 볕 (음) 양

해, 양지, 밝다

阝(阜, 좌부방)부, 총 12획

언덕 부(阝·阜)와 빛날 양(昜 : 해가 떠오르다).
햇빛을 잘 받는 언덕, '볕'을 뜻한다.

陽				
볕 양				
				阳
				간체자

• 陽氣(양기) : 양의 기운. 봄기운. 맑고 환한 기운.
• 陽地(양지) : 볕이 바로 드는 곳.
• 陰陽(음양) : 음과 양. 만물을 생성하는 두 기운.

氣 : 기운 기   地 : 따(땅) 지   陰 : 그늘 음

窓

(훈) 창 (음) 창

창문, 굴뚝

穴(구멍 혈)부, 총 11획

구멍 혈(穴)과 밝을 총(囪·悤).
구멍을 내어 밝은 빛을 받아들이는 '창'을 뜻한다.

窓				
창 창				
				窗
				간체자

• 窓口(창구) : 관공서 등에서 사람들을 직접 상대하여 사무를 보는 곳.
• 窓門(창문) : 빛이나 바람이 통하도록 벽에 낸 문.
• 窓戶紙(창호지) : 문이나 창을 바르는 데 쓰이는 한지.

口 : 입 구   門 : 문 문   戶 : 집 호   紙 : 종이 지

第庭 저택의 정원.

第

훈 차례   음 제

계급, 집(저택)

竹(⺮, 대 죽)부, 총 11획

제 26 회 전국 마라톤 대회

대 죽(竹)과 순서를 나타내는 아우 제(弔·弟).
차례대로 연결한 죽간을 나타내어, '차례' 를 뜻한다.

丿 亻 仁 仁 竺 竺 笁 笁 第 第 第

第				
차례 제				

• 第三者(제삼자) : 어떤 일에 직접 관련이 없는 사람. 당사자 이외의 사람.
• 第一流(제일류) : 가장 높은 등급. 또는 가장 높은 등급의 사람.
• 落第(낙제) : 시험에 떨어짐.

者 : 놈 자   流 : 흐를 류   落 : 떨어질 락

庭

훈 뜰   음 정

마당, 조정, 곳

广(엄호엄)부, 총 10획

집 엄(广)과 조정 정(廷). 지붕을 이은 조정의 작은 뜰을 가리켰으나
후에 백성의 집, '뜰' 을 뜻한다.

丶 一 广 广 户 户 庄 庄 庭 庭

庭				
뜰 정				

• 庭園(정원) : 집 안의 뜰과 꽃밭.
• 庭訓(정훈) : 가정의 교훈. 가정 교육.
• 家庭(가정) : 한 가족이 살림하고 있는 집안.

園 : 동산 원   訓 : 가르칠 훈   家 : 집 가

永遠 언제까지고 계속하여 끝이 없음.

훈 **길** 음 **영**

오래다, 멀다

水(물수)부, 총 5획

물 수(水) 위에 점을 찍어, 강물이 여러 갈래로 갈라지면서 흘러가는 모양으로, '길다'를 뜻한다.

` ㆍ ㆎ ㅏ 永 永

永
길 영

- 永劫(영겁) : 매우 긴 시간. 영원한 세월.
- 永眠(영면) : 영원히 잠을 잠. 죽음.
- 永生(영생) : 죽지 않고 영원히 삶.

劫 : 위협할 **겁** 眠 : 잘 **면** 生 : 날 **생**

훈 **멀** 음 **원**

선조, 멀리하다

辶(책받침)부, 총 14획

옷자락 길 원(袁)과 쉬엄쉬엄 갈 착(辶 · 辵).
걸어 갈 길이 먼 것을 뜻한다.

一 十 土 士 吉 吉 声 声 夷 袁 袁 遠 遠 遠

遠
멀 원

远
간체자

- 遠近(원근) : 먼 곳과 가까운 곳.
- 遠大(원대) : 뜻이 깊고 큼.
- 遠視(원시) : 멀리 봄. 먼 곳은 잘 보이나 가까운 곳이 잘 보이지 않는 눈.

近 : 가까울 **근** 大 : 큰 **대** 視 : 볼 **시**

死由 죽은 이유. 죽게 된 까닭.

死

훈 죽을 음 사

죽은 이, 死者(사자)

歹(죽을 사)부, 총 6획

뼈 앙상할 알(歹)과 사람 인(匕·人).
무릎을 꿇은 사람 앞의 시체, '죽다' 를 뜻한다.

一 ア 歹 歹 歹 死

死
죽을 사

• 死傷者(사상자) : 죽은 사람과 다친 사람.
• 死生(사생) : 죽음과 삶.
• 死活(사활) : 죽느냐 사느냐의 갈림길.

傷 : 다칠 상 者 : 놈 자 生 : 날 생 活 : 살 활

由

훈 말미암을 음 유

인연하다

田(밭 전)부, 총 5획

나무의 열매가 가지 끝에 매달려 있는 모양, 또는 바닥이 깊은 술
단지 모양을 본뜬 글자. 가차하여 쓰인다.

丨 冂 日 由 由

由
말미암을 유

• 由來(유래) : 사물의 연유하여 온 바. 본디.
• 由緒(유서) : 전하여 오는 까닭과 내력.
• 事由(사유) : 어떤 일이 그렇게 된 까닭. 理由(이유).

來 : 올 래 緒 : 실마리 서 事 : 일 사

銀路 은빛나는 길.

쇠 금(金)과 머무를 간(艮).
황금이 되지 못하고 머무르는 금속, '은' 을 뜻한다.

丿 丿 丿 乍 乍 车 车 金 釒 釖 釘 釘 釘 銀

銀

은 은

銀
간체자

- 銀盤(은반) : 은으로 만든 쟁반. 빙상 경기장의 얼음판.
- 銀河水(은하수) : 수많은 별의 무리를 강물에 비유함.
- 銀行(은행) : 예금이나 돈을 빌려 주는 일을 하는 기관.

盤 : 소반 **반**   河 : 물 **하**   行 : 다닐 **행**, 항렬 **항**

훈 은   음 은
은빛, 돈
金(쇠 금)부, 총 14획

발 족(足)과 각각 각(各 : 이르다).
사람이 걸어서 다다르는 것으로, '길' 을 뜻한다.

丶 丨 冂 口 口 足 足 趵 趵 趵 趵 路 路

路

길 로

- 路上(노상) : 길 위. 평상시에 사람들이 늘 오고 가는 길.
- 路線(노선) : 버스나 열차 등이 정해 놓고 다니는 길.
- 路資(노자) : 길을 가거나 여행하는 데 드는 돈. 旅費(여비).

線 : 줄 **선**   資 : 재물 **자**   旅 : 나그네 **려**   費 : 쓸 **비**

훈 길   음 로
연줄, 방법
足(발 족)부, 총 13획

예 우리가 옛 고전을 찾아 읽고 익히는 것은 溫故知新을 얻고자 함이다.

▶▶ '옛 것을 익히고 새 것을 안다' 는 뜻으로, 옛 것을 앎으로써 그것을 통해 새로운 것을 찾아내는 일.

溫	故	知	新
따뜻할 온	연고 고	알 지	새 신

예 갈 길은 멀고 날은 어두워졌는데 雪上加霜으로 눈까지 내리기 시작한다.

▶▶ '눈 위에 또 서리가 내린다'는 뜻으로, 어려운 일이 잇따라 일어나는 것을 일컫는 말. 불행이 자꾸 겹침.

雪	上	加	霜
눈 설	윗 상	더할 가	서리 상

한자 연습 문제

1 다음 漢字語(한자어)의 讀音(독음)을 쓰세요.

> 보기   社會 → 사회

(1) 樂園 (   )   (2) 永遠 (   )   (3) 始作 (   )

(4) 新綠 (   )   (5) 果樹 (   )   (6) 溫和 (   )

(7) 根本 (   )   (8) 光線 (   )   (9) 失明 (   )

(10) 晝夜 (   )   (11) 路上 (   )   (12) 銀行 (   )

(13) 由來 (   )   (14) 家庭 (   )   (15) 第一 (   )

(16) 窓門 (   )   (17) 陽地 (   )   (18) 衣食住 (   )

2 다음 漢字(한자)의 訓(훈)과 音(음)을 〈보기〉와 같이 써 보세요.

> 보기   成 → 이룰 성

(19) 由 (   )   (20) 庭 (   )   (21) 陽 (   )

(22) 第 (   )   (23) 雪 (   )   (24) 淸 (   )

(25) 美 (   )   (26) 野 (   )   (27) 朴 (   )

(28) 和 (   )   (29) 病 (   )   (30) 線 (   )

(31) 弱 (   )   (32) 綠 (   )   (33) 始 (   )

(34) 園 (   )   (35) 本 (   )   (36) 夜 (   )

(37) 溫 (   )   (38) 根 (   )   (39) 新 (   )

3 다음 漢字(한자)의 反對(반대) 또는 相對(상대)되는 漢字(한자)를 쓰세요.

(40) 死(죽을 사) ↔ (   )   (41) 晝(낮 주) ↔ (   )

(42) 暗(어두울 암) ↔ (   )

4 다음 漢字(한자)와 뜻이 같은 漢字(한자)를 골라 그 번호를 쓰세요.

(43) 樹 : ① 果   ② 寸   ③ 本   ④ 木   (   )

(44) 路 : ① 建   ② 道   ③ 足   ④ 地   (   )

5 다음 한자의 세 가지 訓(훈)과 音(음)을 구분하여 쓰세요.

(45) 樂 ㅡ ㉠

ㅡ ㉡

ㅡ ㉢

6 다음 漢字語(한자어)의 뜻을 쓰세요.

(46) 遠近(원근) :

(47) 庭訓(정훈) :

(48) 本文(본문) :

7 다음 단어의 漢字語(한자어)를 쓰세요.

(49) 작가 (   )   (50) 광명 (   )   (51) 과연 (   )

(52) 실수 (   )   (53) 주간 (   )   (54) 야학 (   )

(55) 창구 (   )   (56) 사활 (   )   (57) 본국 (   )

(58) 악곡 (   )   (59) 녹색 (   )   (60) 광복 (   )

6급 한자 다시 쓰기

根 根 | 뿌리 근 / 뿌리 근

本 本 | 근본 본 / 근본 본

樂 樂 | 즐길 락, 노래 악, 좋아할 요 / 즐길 락, 노래 악, 좋아할 요

園 園 | 동산 원 / 동산 원

新 新 | 새 신 / 새 신

綠 綠 | 푸를 록 / 푸를 록

始 始 | 비로소 시 / 비로소 시

作 作 | 지을 작 / 지을 작

光 光 | 빛 광 / 빛 광

線	線					
줄 선	줄 선					

果	果					
실과 과	실과 과					

樹	樹					
나무 수	나무 수					

病	病					
병 병	병 병					

弱	弱					
약할 약	약할 약					

失	失					
잃을 실	잃을 실					

明	明					
밝을 명	밝을 명					

晝	晝					
낮 주	낮 주					

夜	夜					
밤 야	밤 야					

6급 한자 다시 쓰기

溫 따뜻할 온	溫 따뜻할 온						
和 화할 화	和 화할 화						
朴 성 박	朴 성 박						
野 들 야	野 들 야						
淸 맑을 청	淸 맑을 청						
美 아름다울 미	美 아름다울 미						
雪 눈 설	雪 눈 설						
衣 옷 의	夜 옷 의						
陽 볕 양	陽 볕 양						

74

窓	窓							
창 창	창 창							

第	第							
차례 제	차례 제							

庭	庭							
뜰 정	뜰 정							

永	永							
길 영	길 영							

遠	遠							
멀 원	멀 원							

死	死							
죽을 사	죽을 사							

由	由							
말미암을 유	말미암을 유							

銀	銀							
은 은	은 은							

路	路							
길 로	길 로							

제3장

문화와 교육

본문의 한자는 문화와 교육에 관련된 글자들입니다.

英才 表現 角度 球術 術業 反對

讀例題 感共 醫藥 太古 意向

科級短頭近省

目訓音風者聞

 **英才** 아주 뛰어난 재주. 또는 그런 재주를 가진 사람.

(훈) 꽃부리 (음) 영

재주가 뛰어나다

艹 (艸, 초두머리)부, 총 9획

풀 초(艹 · 艸)와 가운데 앙(央).
아름답게 핀 꽃의 중심부인 '꽃부리'를 뜻한다.

一 十 卄 艹 艹 苎 苨 英 英

英
꽃부리 영

• 英敏(영민) : 똑똑하고 지혜롭고 재빠름.
• 英語(영어) : 영국 · 미국 등 세계 여러 나라에서 국어로 쓰는 언어.
• 英雄(영웅) : 위대한 일을 해내어 칭송받는 사람.

敏 : 민첩할 **민**   語 : 말씀 **어**   雄 : 수컷 **웅**

才

(훈) 재주 (음) 재

지혜, 재능

扌(재방변)부, 총 3획

새싹이 땅에서 돋아 나오는 모양을 본뜬 글자. '材(재)'와 같이 쓰여 뛰어난 능력으로, '재주, 지혜'를 뜻한다.

一 十 才

才
재주 재

• 才能(재능) : 재주와 능력.
• 才色(재색) : 빼어난 용모와 재주를 가진 여자.
• 才致(재치) : 눈치 빠른 재주. 또는 능란한 솜씨.

能 : 능할 **능**   色 : 빛 **색**   致 : 이를 **치**

讀 習 글을 읽어 스스로 익힘.

讀

훈 읽을 음 독
훈 구절 음 두

설명함, 이두

言(말씀 언)부, 총 22획

말씀 언(言)과 계속할 육(賣).
말을 이어 늘어놓는 것으로, '읽다' 를 뜻한다.

丶 亠 亠 亖 言 言 言 言 言 訓 訓 讀 讀 讀 讀
讀 讀 讀 讀 讀 讀 讀

讀
읽을독, 구절두

读
간체자

• 讀經(독경) : 소리 내어 경서(經書)를 읽음.
• 讀書(독서) : 책을 읽음.
• 讀者(독자) : 책이나 신문 등 출판물을 읽는 사람.

經 : 지날/글 경   書 : 글 서   者 : 놈 자

習

훈 익힐 음 습

익숙하다, 버릇

羽(깃 우)부, 총 11획

날개 우(羽)와 흰 백(白). 새가 날갯죽지 밑의 흰털을 보이면서 나
는 연습을 하는 것으로, '익히다' 를 뜻한다.

フ ㄱ ㅋ 钌 羽 羽 羽 羿 習 習 習

習
익힐 습

习
간체자

• 習慣(습관) : 몸에 배어 언제나 그렇게 하는 버릇.
• 習性(습성) : 습관이 되어 굳어진 성질.
• 習作(습작) : 익히기 위하여 지은 작품.

慣 : 익숙할 관   性 : 성품 성   作 : 지을 작

79

 科目 학습 내용을 여러 갈래로 구별하여 나누어 놓은 것.

科

훈 과목 음 과

과정, 조목

禾(벼 화)부, 총 9획

벼 화(禾)와 말 두(斗).
곡물을 말로 되어 나누는 것으로, '과목, 과정'을 뜻한다.

ノ 二 千 千 禾 禾 禾 科 科

科
과목 과

- 科擧(과거) : 옛날 관리를 뽑기 위해 치르던 시험.
- 科學(과학) : 자연의 이치와 사물의 여러 가지 법칙을 연구하는 학문.
- 敎科書(교과서) : 학교에서 학생들을 가르치기 위해 쓰는 책.

擧 : 들 거   學 : 배울 학   敎 : 가르칠 교   書 : 글 서

目

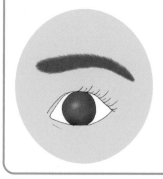

훈 눈 음 목

눈동자, 안구

目(눈 목)부, 총 5획

사람 눈의 모양을 본뜬 글자로, '눈, 눈동자'를 뜻한다.

丨 冂 冃 月 目

目
눈 목

- 目擊(목격) : 어떤 장면을 눈으로 직접 봄.
- 目的(목적) : 어떤 일을 통해 이루려고 하는 것. 目標(목표).
- 目次(목차) : 제목이나 항목 따위를 차례로 배열한 것.

擊 : 칠 격   的 : 과녁 적   標 : 표할 표   次 : 버금 차

表現 생각이나 느낌을 말이나 글, 소리 등으로 나타냄.

훈 겉 음 표

바깥, 나타내다

衣(옷 의)부, 총 8획

털 모(毛)와 옷 의(衣).
털로 윗옷을 만들어 입은 데서, '겉, 바깥'을 뜻한다.

一 二 キ 主 丰 表 表 表

表
겉 표

• 表決(표결) : 의안에 대한 가부(可否)를 결정함.
• 表記(표기) : 표시하여 기록함. 또는 그 기록.
• 表面(표면) : 겉으로 드러난 쪽. 外面(외면).

決 : 결단할 결   可 : 옳을 가   否 : 아닐 부   記 : 기록할 기

훈 나타날 음 현

나타냄, 현재

王(玉, 구슬 옥)부, 총 11획

구슬 옥(王·玉)과 나타날 현(見).
구슬을 잘 갈고 닦으면 아름다운 빛깔이 나타나는 것을 뜻한다.

一 二 キ 王 王 圹 玗 玥 珇 珇 珇 現 現

現
나타날 현

现
간체자

• 現金(현금) : 현재 가지고 있는 돈. 돈으로 쓰이는 지폐나 동전.
• 現象(현상) : 현재의 상태. 지금의 형편.
• 現在(현재) : 바로 지금의 때.

金 : 쇠 금, 성 김   象 : 코끼리 상   在 : 있을 재

例題 연습을 하기 위해 보기로서 내는 문제.

例

훈 법식 음 례

전례

イ(人, 사람인변)부, 총 8획

사람 인(イ·人)과 벌릴 렬(列). 사람이 나란히 줄지어 선다는 뜻.
또는 나란히 세울 수 있는 사람으로, '본보기' 를 뜻한다.

丿 イ 仃 仃 侈 侈 例 例

例			
법식 례			

- 例年(예년) : 여느 해. 보통으로 지나온 해. 매년.
- 例示(예시) : 예를 들어 보임.
- 例外(예외) : 일반적인 규칙이나 통례를 벗어나는 일.

年 : 해 년   示 : 보일 시   外 : 바깥 외

題

훈 제목 음 제

글제, 표제

頁(머리 혈)부, 총 18획

이 시(是)와 머리 혈(頁). 얼굴 중에서 튀어나온 '이마' 를 뜻했으
나, 물건의 '제목' 을 뜻한다.

丨 冂 円 日 早 早 早 昇 是 是 是 題 題 題
題 題 題 題

題			
제목 제			
			題
			간체자

- 題目(제목) : 글이나 책 등에서 내용을 알 수 있게 붙인 이름.
- 題材(제재) : 예술 작품의 주제를 나타내는 재료.
- 題號(제호) : 책 등의 제목.

目 : 눈 목   材 : 재목 재   號 : 이름 호

級訓 학교의 반에서 교육 목표로 정한 교훈.

級

훈 등급　음 급

차례, 층계

糸(실 사)부, 총 10획

실 사(糸)와 미칠 급(及).
실이 차례로 이어지는 것으로, '등급, 차례'를 뜻한다.

`丿 幺 幺 糹 糸 糸 糺 紉 紉 級`

級
등급 급

級
간체자

• 級數(급수) : 기술 등 우열에 따라 매기는 등급.
• 級友(급우) : 같은 학급에서 공부하는 친구.
• 等級(등급) : 높고 낮음의 차례를 분별한 급수.

數 : 셈 수　友 : 벗 우　等 : 무리 등

訓

훈 가르칠　음 훈

훈계, 인도하다

言(말씀 언)부, 총 10획

말씀 언(言)과 내 천(川·順 : 따르다).
말로 이끌어 따르게 하는 것으로, '가르치다'를 뜻한다.

`丶 二 三 言 言 言 言 訂 訓 訓`

訓
가르칠 훈

训
간체자

• 訓戒(훈계) : 타일러 경계함.
• 訓練(훈련) : 기술 등을 배워 익힘. 訓鍊(훈련).
• 訓民(훈민) : 백성을 가르침.

戒 : 경계할 계　練 : 익힐 련　鍊 : 쇠붙이/단련할 련　民 : 백성 민

角度 각의 크기. 사물을 보는 방향.

角

훈 뿔 음 각

모, 술잔, 다투다

角(뿔 각)부, 총 7획

속이 빈 딱딱한 짐승의 뿔 모양을 본떠, '뿔' 을 뜻한다.

丿 ⺈ ⺈ 乛 角 角 角

角
뿔 각

角
간체자

- **角列**(각렬) : 서로 버티고 늘어섬.
- **角逐**(각축) : 서로 이기려고 다툼.
- **頭角**(두각) : 뛰어난 학식이나 재능, 기예. 머리나 머리의 끝.

列 : 벌일 **렬** 逐 : 쫓을 **축** 頭 : 머리 **두**

度

훈 법도 음 도
훈 헤아릴 음 탁

도수, 자, 정도

广(엄호)부, 총 9획

무리 서(产 · 尺 : 자)와 오른손 우(又).
자처럼 손으로 재어 '자, 법도' 의 뜻을 나타낸다.

丶 一 广 广 产 产 庐 庐 度 度

度
법도 도, 헤아릴 탁

- **度量**(도량) : 자(尺)와 말(斗). 마음의 너그러운 정도.
- **度數**(도수) : 술에 섞인 알코올 농도. 렌즈의 굴절 정도. 횟수.
- **度外視**(도외시) : 문제로 삼지 않고 보아 넘김.

量 : 헤아릴 **량** 尺 : 자 **척** 斗 : 말 **두** 視 : 볼 **시**

共感 어떤 의견이나 주장에 대해 자기도 그렇다고 느낌.

共

훈 한가지 음 공
모두, 함께

八(여덟 팔)부, 총 6획

스물 입(卄)과 맞잡을 공(ㅜ). 양손으로 물건을 바치는 것을 나타내어 '바치다, 함께' 를 뜻한다.

一 十 卄 芈 苹 共

共
한가지 공

• 共同(공동) : 여러 사람이 일을 같이 함.
• 共生(공생) : 같은 운명 아래 서로 도우며 함께 삶.
• 共用(공용) : 공동으로 사용하는 것. 반 專用(전용)

同 : 한가지 동   生 : 날 생   用 : 쓸 용   專 : 오로지 전

感

훈 느낄 음 감
깨닫다, 생각하다

心(마음 심)부, 총 13획

다 함(咸)과 마음 심(心). 모두가 한결같이 마음을 다하는 것으로, '느끼다, 깨닫다' 를 뜻한다.

丿 厂 厂 厈 厈 咸 咸 咸 咸 感 感 感

感
느낄 감

• 感覺(감각) : 느끼어 깨달음. 판단하는 능력.
• 感謝(감사) : 고맙게 느낌. 또는 고마움에 대한 인사.
• 感情(감정) : 기쁨이나 슬픔 등 여러 기분을 느끼는 마음의 상태.

覺 : 깨달을 각   謝 : 사례할 사   情 : 뜻 정

短音 짧게 나는 소리. 짧은 소리. 빤 長音(장음)

短

훈 짧을 음 단

작다, 모자라다

矢(화살 시)부, 총 12획

화살 시(矢)와 콩 두(豆). 화살은 짧은 물건을 재거나 물건을 가려 내는 데 사용하는 것으로, '짧다'를 뜻한다.

丿 丿 丿 午 矢 矢 矢 知 知 知 短 短

短
짧을 단

- 短點(단점) : 모자라거나 허물이 되는 점.   빤 長點(장점)
- 短縮(단축) : 일정한 시간이나 거리를 줄임.
- 短篇(단편) : 소설 · 영화 등에서 길이가 짧은 형태.   빤 長篇(장편)

點 : 점 점   長 : 긴 장   縮 : 줄일 축   篇 : 책 편

音

훈 소리 음 음

음악, 가락

音(소리 음)부, 총 9획

땅(一)에 서서(立) 말하는 입(日)의 모양에서, 모든 소리를 뜻한다.

丶 亠 立 立 产 音 音 音

音
소리 음

- 音讀(음독) : 소리 내어 읽음. 한자를 음으로 읽음.
- 音聲(음성) : 목소리. 말소리.
- 音樂(음악) : 목소리나 악기 등의 소리를 통하여 나타내는 예술.

讀 : 읽을 독, 구절 두   聲 : 소리 성   樂 : 즐길 락, 노래 악, 좋아할 요

球形　공처럼 둥근 모양.

球

구슬 옥(王·玉)과 구할 구(求).
한 점을 중심으로 하여 둥글게 된 '공, 구슬'을 뜻한다.

一 二 丁 王 王 玎 玎 玎 玎 球 球

球
공 구

- 球根(구근) : 알뿌리(고구마, 감자 등).
- 球技(구기) : 공을 가지고 하는 운동 경기. 축구·농구 등.
- 球場(구장) : 야구나 축구 등의 경기를 하는 운동장.

根 : 뿌리 근　技 : 재주 기　場 : 마당 장

훈 공　**음** 구

구슬, 아름다운 옥

王(구슬 옥)부, 총 11획

形

평평할 견(开·幵 : 틀, 테)과 터럭 삼(彡 : 무늬).
평평한 종이나 돌에 그림을 그리는 것으로, '모양, 형상'을 뜻한다.

一 二 于 开 开 形 形

形
모양 형

- 形局(형국) : 어떤 일의 형편이나 판국.
- 形狀(형상) : 물건의 형체와 생긴 모양. 얼굴이나 집터 등의 생김새.
- 形便(형편) : 일이 되어 가는 상태.

局 : 판국　狀 : 형상 상, 문서 장　便 : 편할 편, 똥오줌 변

훈 모양　**음** 형

형상, 꼴, 형세

彡(터럭 삼)부, 총 7획

醫 藥 병을 고치는 데 쓰는 약. 의술과 약품.

醫

훈 의원 음 의

의사, 치료하다, 병

酉(닭 유)부, 총 18획

소리 마주칠 예(殹)와 닭 유(酉).
병을 치료하는 데 약초술을 쓰는 사람, '의원, 의사'를 뜻한다.

一 丆 丆 丆 듁 듁 医 医 医 医 殹 殹 殹 殹 殹 翳 醫 醫 醫

醫				
의원 의				
				医
				간체자

• 醫療(의료) : 의술로 병을 치료함.
• 醫師(의사) : 병을 고치는 일을 하는 사람.
• 醫術(의술) : 병을 고치는 기술.

療 : 병고칠 **료**   師 : 스승 **사**   術 : 재주 **술**

藥

훈 약 음 약

화약, 치료하다

艹(艸, 초두머리)부, 총 19획

풀 초(艹·艸)와 즐길 락(樂 : 다스리다). 병을 고쳐 즐거움을 주
는 풀뿌리나 잎이 곧, '약, 치료하다'를 뜻한다.

一 十 十 艹 艹 艹 苩 苩 苩 苩 蒩 葆 葆 滋 滋
滋 蕐 藥 藥

藥				
약 약				
				药
				간체자

• 藥果(약과) : 과줄. 감당하기 어렵지 않은 일.
• 藥房(약방) : 약을 짓는 방. 조제법. 약방문.
• 藥草(약초) : 약의 재료로 쓰이는 풀.

果 : 실과 **과**   房 : 방 **방**   草 : 풀 **초**

頭風 머리가 늘 아프거나 부스럼이 나는 병.

頭

훈 머리 음 두

우두머리, 꼭대기

頁(머리 혈)부, 총 16획

콩 두(豆)와 머리 혈(頁).
豆는 윗부분이 큰 제기에서, '머리, 우두머리'를 뜻한다.

一 厂 厂 戸 戸 戸 戸 豆 豆 豆 頭 頭 頭 頭 頭 頭

頭					
머리 두					头
					간체자

• 頭角(두각) : 머리 끝. 머리. 우뚝 뛰어남. 또는 뛰어난 재능.
• 頭目(두목) : 여러 사람 중의 우두머리.
• 頭痛(두통) : 머리의 아픔. 머리가 아픈 증세.

角 : 뿔 각　目 : 눈 목　痛 : 아플 통

風

훈 바람 음 풍

움직이다, 풍자하다

風(바람 풍)부, 총 9획

무릇 범(凡)과 벌레 충(虫). 무릇 공기가 있어야 모든 생물이 깨어
나는 것으로, '바람'을 뜻한다.

丿 几 凡 凡 凨 凨 風 風 風

風					
바람 풍					风
					간체자

• 風景(풍경) : 경치. 자연의 경치를 그린 그림.
• 風俗(풍속) : 예부터 행하여 온 생활 풍습.
• 風樂(풍악) : 우리나라 고유의 옛 음악. 주로 기악(器樂)을 일컬음.

景 : 볕 경　俗 : 풍속 속　樂 : 즐길 락, 노래 악, 좋아할 요

術業 음양이나 점술 등 술법에 종사하는 일.

術

훈 재주 음 술

기술, 꾀, 도(道)

行(다닐 행)부, 총 11획

다닐 행(行)과 삽주 뿌리 출(朮). 삽주 뿌리처럼 여러 갈래의 길. 또는, 어떤 행위를 계속하는 길, '재주'를 뜻한다.

丿 ㇏ 彳 彳 秆 秆 秫 秫 術 術 術

術
재주 술

朮
간체자

• 術數(술수) : 어떤 나쁜 일을 꾸미는 꾀나 방법.
• 術策(술책) : 어떤 일을 꾸미는 꾀나 방법.
• 技術(기술) : 어떤 일을 능률적으로 해내는 솜씨.

數 : 셈 수   策 : 꾀 책   技 : 재주 기

業

훈 업 음 업

사업, 학문, 생업

木(나무 목)부, 총 13획

악기(작은 북)를 매단 받침틀의 모양에서, '일, 사업'을 뜻한다.

丶 丷 业 业 业 业 业 业 业 業 業 業 業

業
업 업

业
간체자

• 業界(업계) : 같은 산업에 종사하는 사람들의 사회.
• 業務(업무) : 직업으로, 또는 맡아서 하는 일.
• 業績(업적) : 일의 성과. 사업의 성적.

界 : 지경 계   務 : 힘쓸 무   績 : 길쌈 적

90

太古 아주 오랜 옛날. 아득한 옛날.

훈 클 **음** 태

심하다, 최초, 콩

大(큰 대)부, 총 4획

큰 대(大)와 불똥 주(丶). 본래는 大가 둘이었으나 점을 찍어 아주 '크다'의 뜻을 나타낸다.

一 ナ 大 太

太 (클 태)

- 太半(태반) : 3분의 2. 절반이 넘음. 대부분.
- 太初(태초) : 천지가 처음 생긴 때.
- 太平(태평) : 세상이 평안함. 나라가 잘 다스려짐.

半 : 반 **반**   初 : 처음 **초**   平 : 평평할 **평**

훈 예 **음** 고

예전, 선조, 오래되다

口(입 구)부, 총 5획

입 구(口 : 머리를 뜻함)와 열 십(十).
십대(十代)에 걸쳐 내려오는 것으로, '옛날, 오래되다'를 뜻한다.

一 十 十 古 古

古 (예 고)

- 古家(고가) : 지은 지 퍽 오래된 집.
- 古今(고금) : 옛날과 지금.
- 古木(고목) : 아주 오래 묵은 늙은 나무.

家 : 집 **가**   今 : 이제 **금**   木 : 나무 **목**

近者  요즈음. 근일(近日). 가까운 장래. 얼마 후.

쉬엄쉬엄 갈 착(辶·辵)과 무게 근(斤 : 물건을 작게 만들기 위한 칼). 거리나 시간이 얼마 안 되는 것으로, '가깝다'를 뜻한다.

丿 厂 厂 斤 斤 斤 沂 近 近

훈 가까울 **음** 근

가까이 하다, 친하다

辶(책받침)부, 총 8획

近
가까울 근

近
간체자

- 近刊(근간) : 가까운 시일 내에 간행함.
- 近視(근시) : 먼 데 있는 것을 잘 보지 못하는 눈.
- 近況(근황) : 요사이의 형편. 요즈음의 상황.

刊 : 새길 **간**   視 : 볼 **시**   況 : 상황 **황**

늙을 로(耂·老)와 스스로 자(白·自).
본래는 그릇(화로) 속에 나무가 불타는 모양. 가차하여 쓰인다.

一 十 土 少 耂 耂 者 者 者

훈 놈 **음** 자

사람, 것, 곳

耂(老, 늙을로 엄)부, 총 9획

者
놈 자

- 聖者(성자) : 성인. 뛰어난 인격과 행동으로 숭상받을 만한 사람.
- 仁者(인자) : 마음이 어진 사람.
- 筆者(필자) : 글 또는 글씨를 쓴 사람.

聖 : 성인 **성**   仁 : 어질 **인**   筆 : 붓 **필**

反對

사물이 거꾸로 됨. 의견 등에 찬성하지 아니함. (반) 贊成(찬성)

反

(훈) 돌이킬/돌아올 (음) 반

되풀이, 뒤칠(번)

又(또 우)부, 총 4획

민엄 호(厂)와 손 우(又). 덮어 가린 것을 손으로 뒤집는 모양에서, '돌이키다, 뒤치다'를 뜻한다.

一 厂 厅 反

反
돌이킬/돌아올 반

- 反亂(반란) : 나라와 겨레를 배반하여 난리를 꾸밈.
- 反省(반성) : 자기가 한 일을 스스로 돌이켜 살핌.
- 反抗(반항) : 순순히 따르지 않고 맞서 대들거나 버팀.

亂 : 어지러울 란   省 : 살필 성, 덜 생   抗 : 겨룰 항

對

(훈) 대할 (음) 대

대답하다, 마주 보다

寸(마디 촌)부, 총 14획

종을 매다는 기둥 모양(丵)과 법도 촌(寸). 종걸이는 서로 마주 보도록 되어 있는 것으로, '대하다, 마주 보다'를 뜻한다.

丨 丨丨 丨丨 业 业 丵 丵 丵 丵 丵 丵 丵 對 對

對
대할 대

对
간체자

- 對決(대결) : 서로 맞서서 우열을 결정함.
- 對談(대담) : 마주 대(對)하여 말함.
- 對立(대립) : 서로 대(對)하여 맞섬. 둘이 서로 버팀.

決 : 결단할 결   談 : 말씀 담   立 : 설 립

意向 마음의 향하는 바. 곧 무엇을 하려는 생각.

훈 뜻 음 의

생각, 의미, 의의

心(마음 심)부, 총 13획

소리 음(音)과 마음 심(心). 마음 속으로 생각하는 일은 소리가 되어 밖으로 나타나는 것으로, '뜻, 생각'을 뜻한다.

` 亠 亠 咅 立 产 音 音 音 音 意 意 意

意
뜻 의

- 意見(의견) : 마음에 지니고 있는 생각.
- 意味(의미) : 어떤 일이 숨겨진 뜻. 말 등이 지니고 있는 내용.
- 意識(의식) : 깨어 있을 때 사물을 지각하는 마음 상태.

見 : 볼 **견**, 뵈올 **현**　味 : 맛 **미**　識 : 알 **식**, 기록할 **지**

훈 향할 음 향

나아감, 북쪽 창

口(입 구)부, 총 6획

집 밖을 향해 나 있는 북쪽 창문을 본뜬 글자. 높직한 북쪽의 창을 뜻하다가, '향하다, 나아가다'를 뜻한다.

` ′ 亻 冂 向 向 向

向
향할 향

- 向路(향로) : 향하여 나아가는 길. 갈 길.
- 向上(향상) : 오름. 차차 나아짐. 점점 진보함.
- 動向(동향) : 마음의 움직임이나 행동 등의 방향.

路 : 길 **로**　上 : 윗 **상**　動 : 움직일 **동**

省聞 반성하여 들음.

省

훈 살필 · 음 성
훈 덜 · 음 생

자세히 보다, 깨닫다

目(눈 목)부, 총 9획

적을 소(少)와 눈 목(目). 본래 자세히 보다, 시찰하는 관청을 뜻하였다. 아주 적은 것까지 자세히 보는 것으로, '살피다' 를 뜻한다.

丿 丨 小 少 少 屮 省 省 省

省
살필 성, 덜 생

- 省墓(성묘) : 조상의 산소를 찾아 살핌.
- 省察(성찰) : 자신이 한 일을 반성하고 살핌.
- 省略(생략) : 간단하게 덜어서 줄임.

墓 : 무덤 묘   察 : 살필 찰   略 : 간략할/약할 략

聞

훈 들을 · 음 문

냄새 맡다, 방문

耳(귀 이)부, 총 14획

문 문(門 : 묻다)과 귀 이(耳).
귀는 소리를 듣는 문으로, 문에 귀를 대고 '듣다' 를 뜻한다.

丨 冂 冂 冃 冃 門 門 門 門 門 門 閂 閏 聞

聞
들을 문

闻
간체자

- 聞達(문달) : 이름이 세상에 널리 알려짐.
- 聞道(문도) : 도(道)를 들음. 도를 듣고 깨달음.
- 聞一知十(문일지십) : 하나를 듣고 나머지 열을 깨달아 앎.

達 : 통달할 달   道 : 길 도   知 : 알 지

예 인수는 讀書三昧에 빠져 시간이 가는 줄도 몰랐다.

▶▶ '독서에만 빠져 있다'는 뜻으로, 다른 생각은 전혀 없이 책을 읽는 데에만 열중해 있는 상태를 말한다. ※三昧(삼매) : 한 가지 일에 열중하여 있는 상태.

讀	書	三	昧
읽을 독	글 서	석 삼	어두울 매

㉖ 역사를 돌이켜 보면, 왜군의 침략으로 우리나라의 운명은 風前燈火와도 같았다.

▶▶ '바람 앞의 등불' 이라는 뜻으로, 매우 위태로운 처지에 놓여 있음. 또는 사물의 덧없음을 일컫는 말.

風	前	燈	火
바람 풍	앞 전	등 등	불 화

한자 연습 문제

1 다음 漢字語(한자어)의 讀音(독음)을 쓰세요.

> **보기**　　　　　　　　　始作 ➡ 시작

(1) 科目 (　　　)　　　(2) 共感 (　　　)　　　(3) 級訓 (　　　)

(4) 短音 (　　　)　　　(5) 角度 (　　　)　　　(6) 例題 (　　　)

(7) 意向 (　　　)　　　(8) 太古 (　　　)　　　(9) 醫藥 (　　　)

(10) 英才 (　　　)　　　(11) 省墓 (　　　)　　　(12) 讀習 (　　　)

(13) 省略 (　　　)　　　(14) 聞知 (　　　)　　　(15) 反省 (　　　)

(16) 近視 (　　　)　　　(17) 術數 (　　　)　　　(18) 業務 (　　　)

2 다음 漢字(한자)의 訓(훈)과 音(음)을 쓰세요.

> **보기**　　　　　　　　　美 ➡ 아름다울 미

(19) 頭 (　　　)　　　(20) 球 (　　　)　　　(21) 藥 (　　　)

(22) 醫 (　　　)　　　(23) 風 (　　　)　　　(24) 形 (　　　)

(25) 習 (　　　)　　　(26) 科 (　　　)　　　(27) 者 (　　　)

(28) 度 (　　　)　　　(29) 聞 (　　　)　　　(30) 級 (　　　)

(31) 英 (　　　)　　　(32) 題 (　　　)　　　(33) 對 (　　　)

(34) 感 (　　　)　　　(35) 共 (　　　)　　　(36) 現 (　　　)

(37) 角 (　　　)　　　(38) 才 (　　　)　　　(39) 向 (　　　)

3 다음 漢字(한자)의 反對(반대) 또는 相對(상대)되는 漢字(한자)를 쓰세요.

(40) 遠(멀 원) ↔ (   )   (41) 短點(단점) ↔ (   )

(42) 陰地(음지) ↔ (   )

4 다음 漢字(한자)의 두 가지 訓(훈)과 音(음)을 구분하여 쓰세요.

(43) 省 : ㉠ (   )   ㉡ (   )

(44) 讀 : ㉠ (   )   ㉡ (   )

5 다음 漢字(한자)와 뜻이 같은 漢字(한자)를 골라 그 번호를 쓰세요.

(45) 古 : ① 吉   ② 太   ③ 由   ④ 故   (   )

(46) 訓 : ① 語   ② 敎   ③ 校   ④ 學   (   )

6 다음 漢字語(한자어)의 뜻을 쓰세요.

(47) 反對(반대) :

(48) 表現(표현) :

7 다음 단어의 漢字語(한자어)를 쓰세요.

(49) 향상 (   )   (50) 의견 (   )   (51) 대립 (   )

(52) 인자 (   )   (53) 태평 (   )   (54) 풍경 (   )

(55) 두목 (   )   (56) 약과 (   )   (57) 형편 (   )

(58) 구장 (   )   (59) 음악 (   )   (60) 공용 (   )

6급 한자 다시 쓰기

英 꽃부리 영	英 꽃부리 영						
才 재주 재	才 재주 재						
讀 읽을 독, 구절 두	讀 읽을 독, 구절 두						
習 익힐 습	習 익힐 습						
科 과목 과	科 과목 과						
目 눈 목	目 눈 목						
表 겉 표	表 겉 표						
現 나타날 현	現 나타날 현						
例 법식 례	例 법식 례						

100

題	題								
제목 제	제목 제								

級	級								
등급 급	등급 급								

訓	訓								
가르칠 훈	가르칠 훈								

角	角								
뿔 각	뿔 각								

度	度								
법도 도, 헤아릴 탁	법도 도, 헤아릴 탁								

共	共								
한가지 공	한가지 공								

感	感								
느낄 감	느낄 감								

短	短								
짧을 단	짧을 단								

音	音								
소리 음	소리 음								

球 공구	球 공구						
形 모양 형	形 모양 형						
醫 의원 의	醫 의원 의						
藥 약 약	藥 약 약						
頭 머리 두	頭 머리 두						
風 바람 풍	風 바람 풍						
術 재주 술	術 재주 술						
業 업 업	業 업 업						
太 클 태	太 클 태						

古	古						
예 고	예 고						

近	近						
가까울 근	가까울 근						

者	者						
놈 자	놈 자						

反	反						
돌이킬/돌아올 반	돌이킬/돌아올 반						

對	對						
대할 대	대할 대						

意	意						
뜻 의	뜻 의						

向	向						
향할 향	향할 향						

省	省						
살필 성, 덜 생	살필 성, 덜 생						

聞	聞						
들을 문	들을 문						

제4장 국가와 경제

본문의 한자는 국가와 경제에 관련된 글자들입니다.

計畫　開發　郡界　區別
李朝　班族　急速　強行
苦戰　特待　勝利　番號
集合　半分　注油　黃石
勇使　放言　運消

計畫 앞으로 할 일을 미리 생각하여 정함. 또, 그 정한 내용.

計

훈 셀 음 계

헤아리다, 수, 꾀하다

言(말씀 언)부, 총 9획

말씀 언(言)과 열 십(十). 입으로 물건의 수를 헤아리는 모양에서, '세다, 헤아리다' 를 뜻한다.

` 亠 computed 言 言 言 計

計
셀 계

計
간체자

- 計巧(계교) : 이리저리 생각하여 짜낸 꾀.
- 計量(계량) : 기구를 사용하여 무게나 분량 등을 잼.
- 計算(계산) : 수의 더하기, 빼기 등 값을 냄. 값을 치름.

巧 : 공교할 교   量 : 헤아릴 량   算 : 셈 산

畫

훈 그림 음 화
훈 그을 음 획

그리다, 채색, 긋다(劃)

田(밭 전)부, 총 12획

붓 율(聿·律)과 밭 전(田), 그리고 한 일(一). 손에 붓(聿)을 잡고 무엇인가를 그리고(田) 있는 모양으로, '그리다, 긋다' 를 뜻한다.

フ ㄱ ㅋ ㅋ 聿 畫 畫 畫 畫 畫 畫 畫

畫
그림 화, 그을 획

画
간체자

- 畫家(화가) : 그림 그리는 일을 전문으로 하는 사람.
- 畫數(획수) : 글자에서 자획(字劃)의 수.
- 畫順(획순) : 글씨를 쓸 때의 자획의 차례.

順 : 순할 순   *劃(긋다, 나누다, 구분하다)과 같이 쓰인다.

開發 쓸모 있게 만듦. 발전시킴. 새로운 것을 처음 만듦.

훈 열 음 개

시작함, 벌리다, 펴다

門(문 문)부, 총 12획

문 문(門)과 평평할 견(幵 : 빗장, 양손).
문의 빗장을 벗겨 여는 것으로, '열다, 벌리다'를 뜻한다.

丨 冂 冂 門 門 門 門 門 門 閂 開 開

開
열 개

开
간체자

• 開校(개교) : 새로 학교를 세워 수업을 처음 시작함.
• 開放(개방) : 속박이나 경계를 풀어 자유롭게 함.
• 開業(개업) : 영업을 처음 시작함.   반 廢業(폐업)

校 : 학교 교   放 : 놓을 방   業 : 업 업   廢 : 폐할/버릴 폐

훈 필 음 발

쏘다, 일어나다, 떠나다

癶(필발머리)부, 총 12획

짓밟을 발(癶)과 활 궁(弓). 두 발로 풀밭을 힘있게 딛고 서서 활
을 당겨 쏘는 것으로, '피다, 쏘다'를 뜻한다.

ᄀ ᄏ ᄼ ᄽ 癶 癶 發 發 發 發 發 發

發
필 발

发
간체자

• 發達(발달) : 점점 더 성장하여 완전한 형태에 가까워짐.
• 發生(발생) : 생겨나거나 태어남.
• 發展(발전) : 더 낫고 좋은 상태로 나아감.

達 : 통달할 달   生 : 날 생   展 : 펼 전

郡界 군과 군의 경계.

郡

(훈) 고을 (음) 군

행정 구역의 하나

阝(邑, 우부방)부, 총 10획

임금 군(君)과 고을 읍(阝·邑 : 무리). 마을의 무리, 행정 구역의 하나. 임금의 명을 받아 다스리는 '고을' 을 뜻한다.

ㄱ ㄱ ㅋ 尹 尹 君 君 君' 郡ʒ 郡

郡
고을 군

• 郡民(군민) : 군의 주민. 군 안에 사는 사람들.
• 郡守(군수) : 한 군의 우두머리.
• 郡廳(군청) : 군의 행정을 맡은 관청.

民 : 백성 민   守 : 지킬 수   廳 : 관청 청

界

(훈) 지경 (음) 계

범위, 장소, 한계

田(밭 전)부, 총 9획

밭 전(田)과 끼일 개(介). 다른 것과 구분 짓기 위한 밭과 밭 사이, 논밭의 '지경, 경계' 를 뜻한다.

丨 冂 冂 田 田 甲 別 界 界

界
지경 계

• 境界(경계) : 어떤 지역과 다른 지역이 구분되는 자리.
• 學界(학계) : 학문의 세계. 학자의 자리. 학술계.
• 限界(한계) : 능력이나 작용이 미칠 수 있는 범위의 끝.

境 : 지경 경   學 : 배울 학   限 : 한할 한

區別 여럿 사이의 다른 점을 헤아려 아는 것. 종류에 따라 갈라 놓음.

區

훈 구분할/지경　음 **구**

갈피, 나누다

匸(터진에운담)부, 총 11획

감출 혜(匸 : 넓은 지역) 속에 입 구(口 : 물건) 셋.
구역을 지어 갈라 놓는 것으로, '지역, 나누다' 를 뜻한다.

一　丁　了　万　丂　丂　丒　品　品　區

區
구분할/지경 구

区
간체자

- 區間(구간) : 일정한 구역의 안.
- 區分(구분) : 따로따로 갈라 나눔.
- 區域(구역) : 어떤 기준이나 특성에 따라 갈라 놓은 지역이나 범위.

間 : 사이 **간**　分 : 나눌 **분**　域 : 지경 **역**

別

훈 다를/나눌　음 **별**

구분

刂(刀, 칼 도)부, 총 7획

뼈 골(骨·咼)과 칼 도(刂·刀).
살과 뼈를 갈라 놓은 것으로, '다르다, 나누다' 를 뜻한다.

丨　冂　口　另　另　別　別

別
다를/나눌 별

- 別居(별거) : 따로 떨어져 삶. 부부가 한집에 같이 살지 않음.
- 別味(별미) : 특별히 좋은 맛. 또는 그 음식.
- 別種(별종) : 다른 종자. 특별한 종류.

居 : 살 **거**　味 : 맛 **미**　種 : 씨 **종**

李朝 일본인들이 '조선 왕조'를 얕잡아 일컬은 말.

李

훈 오얏/성 음 리

벼슬아치

木(나무 목)부, 총 7획

나무 목(木)과 아들 자(子 : 열매).
나무에 열매가 잔뜩 달리는, '오얏, 오얏(자두)나무'를 뜻한다.

一 十 才 木 杢 李 李

李
오얏/성 리

• 李杜(이두) : 당나라 시인. 이백과 두보를 함께 일컫는 말.
• 梨花(이화) : 오얏꽃(자두꽃).
• 桃李(도이) : 복숭아나무와 자두나무. 또는 그 꽃이나 열매.

杜 : 막을 두 花 : 꽃 화 桃 : 복숭아 도

朝

훈 아침 음 조

처음, 조정, 왕조

月(달 월)부, 총 12획

해돋을 간(龺)과 달 월(月). 동쪽에서 해가 떠오르는데 아직 달이 떠 있는 시기. 곧 '아침'을 뜻한다.

一 十 十 吉 吉 古 直 卓 草 朝 朝 朝

朝
아침 조

• 朝刊(조간) : 아침에 발간하는 신문. 반 夕刊(석간)
• 朝野(조야) : 조정과 재야. 정부와 민간. 관리와 민간인.
• 朝會(조회) : 학교나 관청 등에서 행하는 아침 모임.

刊 : 새길 간 野 : 들 야 會 : 모일 회

班族 양반의 겨레붙이.

班

훈 **나눌** 음 **반**

구역, 헤어지다

王(玉, 구슬 옥)부, 총 10획

쌍옥 각(珏)과 칼 도(刂·刀). 옥을 칼로 쪼개어 천자가 제후에게 증표의 옥을 나누어 주는 것으로, '나누다'를 뜻한다.

一 二 三 丟 王 玉 玛 珏 珡 班 班

班
나눌 반

- 班家(반가) : 양반의 집안.
- 班常會(반상회) : 날짜를 정해 주민들이 반 단위로 모여 갖는 회의.
- 班長(반장) : 학급을 대표하는 학생. '반'을 대표하는 사람.

家 : 집 **가**   常 : 항상 **상**   會 : 모일 **회**

族

훈 **겨레** 음 **족**

일가, 동포

方(모 방)부, 총 11획

깃발 언(㫃)과 화살 시(矢). 군기 아래 많은 화살이 쌓여 있듯이 한덩어리로 무리가 모인, '겨레, 일가'를 뜻한다.

丶 亠 亍 方 方 方 族 族 族 族 族

族
겨레 족

- 族閥(족벌) : 큰 세력을 가진 문벌의 일족.
- 族譜(족보) : 한 집안의 대대로 내려온 혈통을 기록한 책.
- 族長(족장) : 한 종족이나 부족의 우두머리.

閥 : 문벌 **벌**   譜 : 족보 **보**   長 : 긴 **장**

急速 몹시 급함. 매우 빠름.

急

(훈) 급할 (음) 급

서두르다, 위태하다

心(마음 심)부, 총 9획

미칠 급(刍·及)과 마음 심(心). 급한 마음으로 뒤따라가며 서둘러 이르는 것으로, '급하다' 를 뜻한다.

ノ ⺈ 刍 刍 刍 刍 急 急 急

急				
급할 급				

- 急死(급사) : 갑자기 죽음.
- 急性(급성) : 병이 갑자기 증세가 나타나 빠르게 진행하는 성질.
- 急行(급행) : 급히 감. 급행 열차의 준말.

死 : 죽을 **사** 性 : 성품 **성** 行 : 다닐 **행**, 항렬 **항**

速

(훈) 빠를 (음) 속

빨리, 부르다

辶(책받침)부, 총 11획

쉬엄쉬엄 갈 착(辶·辵)과 묶을 속(束).
길을 가는데 시간을 줄여 속히 가는 것으로, '빠르다' 를 뜻한다.

一 ⺋ ⺋ 口 申 束 束 束 涑 涑 速

速				
빠를 속				速
				간체자

- 速達(속달) : 빨리 배달함. 또는 빨리 배달하는 우편.
- 速度(속도) : 물체가 나아가거나 일이 진행되는 빠르기. 速力(속력).
- 速成(속성) : 어떤 일이 빨리 이루어짐.

達 : 통달할 **달** 度 : 법도 **도**, 헤아릴 **탁** 成 : 이룰 **성**

強行 어려움을 무릅쓰고 어떤 일을 함.

強

훈 강할 음 강

힘쓰다, 단단하다

弓(활 궁)부, 총 11획

클 홍(弘·彊 : 강하다)과 벌레 충(虫). 크고 단단한 껍질을 가진 벌레를 나타낸 것으로, '굳세다'를 뜻한다.

`ㄱ ㄱ 弓 弘 弘 弘 弘 弘 強 強 強`

強
강할 강

- 強國(강국) : 경제적이나 군사적으로 힘이 강한 나라.
- 強弱(강약) : 소리나 힘의 강함과 약함.
- 強者(강자) : 강한 힘이나 권세를 가지고 있는 사람. 반 弱者(약자)

  國 : 나라 국   弱 : 약할 약   者 : 놈 자

行

훈 다닐 음 행
훈 항렬 음 항

걷다, 행하다, 대열

行(다닐 행)부, 총 6획

지축거릴 척(彳)과 겨우 디딜 촉(亍). 사람이 다니는 잘 정리된 네거리 모양을 본떠, '다니다'를 뜻한다.

`' ㄥ 彳 彳 行 行`

行
다닐 행, 항렬 항

- 行軍(행군) : 여러 사람이나 군인이 줄을 지어 먼 거리를 걸어감.
- 行動(행동) : 몸을 움직여 어떤 동작이나 일을 함.
- 行列(①항렬 ②행렬) : ① 친족 안에서 세대의 관계를 나타내는 말.
  ② 여럿이 줄을 지어 감. 또는 그 줄.

苦戰 전투, 경기에서 힘들고 어렵게 싸움. 어떤 일에 어려움을 겪음.

苦

훈 쓸 음 고

쓴맛, 괴롭다

⺾(艸, 초두머리)부, 총 9획

풀 초(⺾·艸)와 오랠 고(古).
풀이 오래 묵으면 쓰고, 쓴 것을 먹기가 괴롭다는 뜻.

一 十 卄 ⺾ 丷 芢 芢 苦 苦

苦 쓸 고

- 苦難(고난) : 살아가면서 겪는 견디기 힘든 괴로움.
- 苦生(고생) : 어떤 일을 하면서 어려움과 괴로움을 겪음.
- 苦痛(고통) : 몸이나 마음이 아프고 괴로움.

難 : 어려울 **난** 生 : 날 **생** 痛 : 아플 **통**

戰

훈 싸움 음 전

전쟁, 두려워하다

戈(창 과)부, 총 16획

넓고 클 선(單 : 활)과 창 과(戈). 활과 창, 사람들이 활과 창을 들고 싸우는 것으로, '싸움, 전쟁'을 뜻한다.

丨 冂 冂 門 門 門 哭 哭 哭 單 單 單 戰 戰 戰

戰 싸움 전

战
간체자

- 戰亂(전란) : 전쟁으로 말미암은 난리.
- 戰術(전술) : 싸움에 이기기 위한 술책.
- 戰爭(전쟁) : 나라간의 싸움. 심한 경쟁의 비유. 반 平和(평화)

亂 : 어지러울 **란** 術 : 재주 **술** 爭 : 다툴 **쟁** 和 : 화할 **화**

特待 특별히 대우함, 또는 그 대우.

特

훈 특별할 음 특

뛰어난 사람, 특히

牛(소 우)부, 총 10획

소 우(牛)와 관청 시(寺). 소는 제사에 많이 쓰이므로 관청에서 특별히 다루는 것으로, '특별하다' 를 뜻한다.

丶 一 ㅓ ㅓ 牛 牜 牜 牲 特 特

特 특별할 특

- 特別(특별) : 보통이 아님. 일반과 다름.
- 特性(특성) : 그것에만 있는 특별한 성질.
- 特異(특이) : 보통과 아주 다름. 표나게 다름.

別 : 다를/나눌 별   性 : 성품 성   異 : 다를 이

待

훈 기다릴 음 대

대접하다, 대우하다

彳(두인변)부, 총 9획

조금 걸을 척(彳)과 관청 시(寺 · 止 : 멎다). 관청에 볼일을 보러 간 사람이 순서에 따르는 것으로, '기다리다' 를 뜻한다.

丿 ㇠ 彳 彳 彳 徍 徍 待 待

待 기다릴 대

- 待機(대기) : 기회를 기다림. 준비를 마치고 명령을 기다림.
- 待遇(대우) : 소중하고 귀하게 대함. 직장에서의 수준.
- 待避(대피) : 갑자기 닥친 위험을 피하여 안전한 곳으로 감.

機 : 틀 기   遇 : 만날 우   避 : 피할 피

勝利 전쟁이나 경기 등에서 상대방을 제압하고 이김. ☜ 敗北(패배)

勝

훈 이길 음 승

성하다, 훌륭하다

力(힘 력)부, 총 12획

나 짐(朕 : 들어올리다)과 힘 력(力). 스스로 힘쓰면 이겨 낼 수 있는 것으로, '이기다, 성하다' 를 뜻한다.

丿 刀 月 月 月` 月` 肝 胖 胖 朕 勝 勝

勝
이길 승

胜
간체자

• 勝負(승부) : 경쟁이나 경기 등에서 이기고 짐.
• 勝算(승산) : 이길 수 있는 가능성.
• 勝者(승자) : 경기나 싸움에서 이긴 사람. 또는 이긴 편. ☜ 敗者(패자)

負 : 질 **부**   算 : 셈 **산**   者 : 놈 **자**   敗 : 패할 **패**

利

훈 이할 음 리

이로움, 이익, 편리

刂(刀, 칼 도)부, 총 7획

벼 화(禾)와 칼 도(刂 · 刀). 날카로운 낫으로 벼를 베어 수확하는 것으로 농부에게 '이롭다' 는 것을 뜻한다.

丿 二 千 禾 禾 利 利

利
이할 리

• 利權(이권) : 이익을 얻는 권리.
• 利己(이기) : 자기 한 몸의 이익만을 꾀함.
• 利益(이익) : 이롭거나 보탬이 되는 일. 순수한 소득.

權 : 권세 **권**   己 : 몸 **기**   益 : 더할 **익**

番號 차례를 표시하는 숫자와 부호.

番

훈 차례　음 번

번, 번들다, 횟수

田(밭 전)부, 총 12획

농부가 밭에 곡식의 씨앗을 뿌리고 지나간 발자국 모양. 또는 짐승 발자국 모양을 본뜬 글자. 가차하여 쓰인다.

一 ㄱ ㅁ 丷 平 乎 釆 釆 番 番 番 番

番
차례 번

- 番地(번지) : 토지를 여러 조각으로 나누어서 매겨 놓은 번호.
- 當番(당번) : 번을 도는 차례에 당함. 또는, 그 사람.
- 順番(순번) : 차례로 돌아오는 순서.

地 : 따(땅) **지**　當 : 마땅 **당**　順 : 순할 **순**

號

훈 이름　음 호

울부짖다

虍(범호밑)부, 총 13획

이름 호(号)와 범 호(虎). 범의 울음소리(号)같이 우렁차게 부르짖음을 뜻한다.

丶 ㄱ ㅁ 모 号 号' 号� 号ᆣ 号ᄐ 号ᄐ 號 號 號

號
이름 호

号
간체자

- 號令(호령) : 지휘하여 명령함. 또는 그 명령.
- 號外(호외) : 임시로 발간하는 신문이나 잡지.
- 商號(상호) : 영업상으로 쓰는 칭호.

令 : 하여금 **령**　外 : 바깥 **외**　商 : 장사 **상**

集合 한 군데로 모음. 수학에서 범위가 정해진 사물들의 모임.

集

훈 모을 음 집

모이다, 이르다

隹(새 추)부, 총 12획

새 추(隹)와 나무 목(木).
새가 나무 위에 모여 앉아 있는 모양에서 '모으다' 를 뜻한다.

丿 亻 亻 亻 仟 仟 伴 隹 隹 隼 集 集

集
모을 집

- 集結(집결) : 한데 모임. 또는 모음.
- 集大成(집대성) : 여럿을 모아 하나로 완성함. 또는 그 완성된 것.
- 集中(집중) : 한 곳에 모이거나 모음.

結 : 맺을 결　大 : 큰 대　成 : 이룰 성　中 : 가운데 중

合

훈 합할 음 합

들어맞다, 일치함

口(입 구)부, 총 6획

모을 집(스 · 集 : 뚜껑, 가리개)과 입 구(口 : 그릇). 그릇에 뚜껑을 덮어 합하는 것을 뜻한다. 또는 여러 사람의 말이 일치하는 것을 뜻한다.

丿 人 人 스 合 合

合
합할 합

- 合格(합격) : 규격이나 격식의 기준에 맞음.
- 合同(합동) : 여럿이 모여 같은 행동이나 일을 함.
- 合意(합의) : 서로 의견이나 뜻을 같이 함.

格 : 격식 격　同 : 한가지 동　意 : 뜻 의

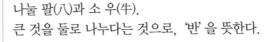 半分 반으로 나눔. 또는 그만한 분량.

半

훈 반 음 반
한가운데, 중앙, 도중
十(열 십)부, 총 5획

나눌 팔(八)과 소 우(牛).
큰 것을 둘로 나누다는 것으로, '반' 을 뜻한다.

丿 丷 丷 半 半

半
반 반

• 半減(반감) : 반으로 줄어듦.
• 半數(반수) : 전체의 반이 되는 수.
• 半切(반절) : 어떤 것을 반으로 나누었을 때, 그 중의 하나. 절반.

減 : 덜 감 數 : 셈 수 切 : 끊을 절, 온통 체

分

훈 나눌 음 분
나누이다, 구별
刀(칼 도)부, 총 4획

나눌 팔(八)과 칼 도(刀).
칼로 쪼개는 것으로, '나누다' 를 뜻한다.

丿 八 今 分

分
나눌 분

• 分斷(분단) : 나누어 끊음. 동강이 나게 끊어 자르는 것.
• 分別(분별) : 가름. 경계를 세워서 나눔. 사리를 생각하여 변별함.
• 分解(분해) : 따로따로 나누어 헤침. 또는 헤어짐.

斷 : 끊을 단 別 : 다를/나눌 별 解 : 풀 해

119

注油 자동차 등에 기름을 치거나 넣음.

注

훈 부을　음 주

흐르다, 붓다

氵(삼수변)부, 총 8획

물 수(氵·水)와 주인 주(主 : 머물다).
물을 정지시켰다가 계속하여 '붓다, 물을 대다'를 뜻한다.

` ` 丶 氵 氵 氵 氵 注 注

注
부을 주

• 注目(주목) : 주의하여 봄. 일을 조심하고 경계하여 봄.
• 注意(주의) : 마음에 새겨 두어 조심함. 조심하도록 곁에서 충고하는 일.
• 注入(주입) : 흘려 넣음. 사상 따위를 가르쳐 줌.

　　　　　目 : 눈 목　意 : 뜻 의　入 : 들 입

油

훈 기름　음 유

유지, 윤기

氵(삼수변)부, 총 8획

물 수(氵·水)와 말미암을 유(由·酉 : 항아리). 항아리 속의 '기름'을 뜻한다. 또는 나무의 열매에서 짜낸 물, '기름'을 뜻한다.

` ` 丶 氵 氵 氵 沪 泏 油 油

油
기름 유

• 油田(유전) : 땅 속에 있는 석유를 파내는 곳. 석유가 나는 지역.
• 油畫(유화) : 기름 물감으로 그린 그림.
• 豆油(두유) : 콩에서 짜낸 기름. 콩기름.

　　　　　田 : 밭 전　畫 : 그림 화, 그을 획　豆 : 콩 두

黃石　빛이 누런 돌. 탄산칼슘을 주성분으로 하는 광물.

黃

훈 누를　음 황

누른빛, 황금

黃(누를 황)부, 총 12획

논밭의 빛깔이 누렇게 변하는 가을 들녘으로, '누르다, 누른빛' 을 뜻한다.

一 十 卄 卅 芉 芢 苩 苩 苗 苗 黃 黃

黃
누를 황

• 黃金(황금) : 금(金). 돈. 재물을 뜻하는 말.
• 黃泉(황천) : 죽어서 가는 곳. 저승.
• 黃昏(황혼) : 해가 지고 어둑어둑할 무렵.

金 : 쇠 금, 성 김　泉 : 샘 천　昏 : 어두울 혼

石

훈 돌　음 석

돌로 만든 악기, 돌침

石(돌 석)부, 총 5획

언덕(厂) 아래로 굴러 떨어진 돌멩이의 모양을 본뜬 글자로, '돌' 을 뜻한다.

一 ㄱ ㄤ 石 石

石
돌 석

• 石像(석상) : 돌을 조각하여 만든 상(像).
• 石造(석조) : 돌로 어떠한 물건을 만듦. 또는 그 물건.
• 石塔(석탑) : 돌로 쌓은 탑. 돌탑.

像 : 모양 상　造 : 지을 조　塔 : 탑 탑

勇使 날래고 용맹스런 사신.

勇

(훈) 날랠 (음) 용

날쌔다, 용맹하다

力(힘 력)부, 총 9획

물 솟아오름 용(甬)과 힘 력(力).
물이 솟아오르듯 힘을 돋우면 행동이 '날래다, 용감하다' 를 뜻한다.

フ フ マ 予 吾 甬 酋 夁 勇

勇			
날랠 용			

- 勇敢(용감) : 어떤 일을 용기 있게 할 만큼 씩씩함.
- 勇氣(용기) : 씩씩하고 굳센 기운.
- 勇士(용사) : 용감한 병사.

敢 : 감히/구태여 감   氣 : 기운 기   士 : 선비 사

使

(훈) 하여금/부릴 (음) 사

시키다, 심부름꾼

亻(사람인변)부, 총 8획

사람 인(亻·人)과 아전 리(吏). 윗사람이 아전(아랫사람)에게 일을 시키는 것으로, '부리다' 를 뜻한다.

ノ 亻 亻 亇 仁 使 使 使

使			
하여금/부릴 사			

- 使臣(사신) : 임금(통치자)의 명으로 외국에 나가는 사람.
- 使用(사용) : 어떤 목적을 위하여 물건을 씀.
- 天使(천사) : 하늘의 뜻을 전하는 존재. 착하고 순진한 사람.

臣 : 신하 신   用 : 쓸 용   天 : 하늘 천

放言 무책임하게 함부로 말함. 또는 그 말.

放

訓 놓을　音 방

풀어주다, 내쫓다

攴(攵, 등글월문)부, 총 8획

여름 방학

방위 방(方)과 칠 복(攴·攵). 회초리를 들고 매질하여 멀리 내쫓는 것으로, '놓다, 내쫓다' 를 뜻한다.

丶 亠 亍 方 方 方 放 放

放
놓을 방

- 放課(방과) : 그 날 학과를 끝냄.
- 放心(방심) : 마음을 다잡지 않고 놓아 버림.
- 放學(방학) : 학교에서 일정 기간 동안 수업을 쉬는 일. 또는 그 기간.

課 : 공부할/과정 과　心 : 마음 심　學 : 배울 학

言

訓 말씀　音 언

언어, 말하다

言(말씀 언)부, 총 7획

혀를 앞으로 빼낸 모양. 사람이 말하는 모양을 본뜬 글자로, '말씀, 말하다' 를 뜻한다.

丶 亠 亠 言 言 言 言

言
말씀 언

- 言約(언약) : 말로 약속함. 또는 그 약속.
- 言語(언어) : 말, 글로 생각이나 느낌을 나타내거나 전달하는 수단.
- 言行(언행) : 말과 행동. 言動(언동).

約 : 맺을 약　語 : 말씀 어　行 : 다닐 행, 항렬 항

運消 돌고 움직임. 사라지다, 불을 끄다.

(훈) 옮길 (음) 운

움직이다, 운전하다

辶(책받침)부, 총 13획

군사 군(軍)과 쉬엄쉬엄 갈 착(辶 · 辵).
병사들이 전차를 몰고 나아가는 것으로, '돌다, 움직이다' 를 뜻한다.

`一 ㄇ ㄇ ㄇ 冃 咠 咠 軎 軍 軍 渾 渾 運`

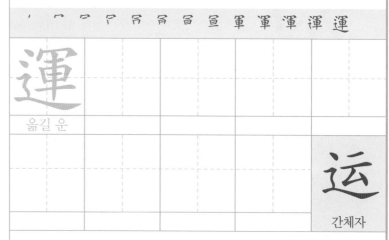

옮길 운

运
간체자

• 運動(운동) : 몸을 놀리어 움직임. 여러 경기.
• 運用(운용) : 움직여 씀. 부리어 씀.
• 運營(운영) : 조직이나 기구 등을 운용하여 경영함.

動 : 움직일 동   用 : 쓸 용   營 : 경영할 영

消

(훈) 사라질 (음) 소

없어지다, 불을 끄다

氵(삼수변)부, 총 10획

물 수(氵 · 水)와 적을 초(肖).
물이 '적어지다, 사라지다' 를 뜻한다.

`丶 丶 氵 氵 沪 浐 浐 消 消 消`

消
사라질 소

• 消風(소풍) : 운동이나 자연 관찰을 위해 야외로 나가는 일. 산책.
• 消火(소화) : 불을 끔.
• 消化(소화) : 먹은 음식을 삭임. 배운 것을 잘 익혀 자기 것으로 만듦.

風 : 바람 풍   火 : 불 화   化 : 될 화

📀 '우주에는 정말 외계인이 살고 있을까?' 나는 그 점에 대해 항상 半信半疑하고 있는 편이다.

▶▶ '절반은 믿으면서 절반은 의심한다' 는 뜻으로, 어느 정도는 믿으면서도 한편으로는 의심을 품음.

半	信	半	疑
반 반	믿을 신	반 반	의심할 의

125

예 아침에 일찍 일어나 운동을 하겠다고 결심했지만 作心三日이 되고 말았다.

▶▶ '품은 마음이 사흘을 못 간다' 는 뜻으로, 결심이 굳지 못함을 일컫는 말.

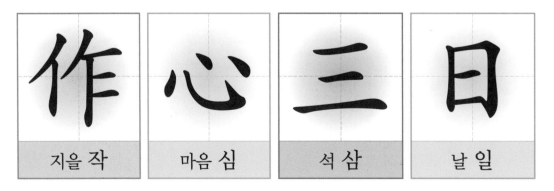

作	心	三	日
지을 작	마음 심	석 삼	날 일

예 명절을 앞두고 백화점 입구가 門前成市를 이루었다.

▶▶ '문 앞이 시장(저자)을 이룬다'는 뜻으로, 찾아오는 사람이 많음을 일컬음. 곧 권세가나 부잣집 문 앞이 방문객으로 시장처럼 붐빈다는 말.

門	前	成	市
문 문	앞 전	이룰 성	저자 시

한자 연습 문제

1 다음 漢字語(한자어)의 讀音(독음)을 쓰세요.

> **보기**   科目 ➡ 과목

(1) 開發 (   )   (2) 郡民 (   )   (3) 區別 (   )

(4) 計畫 (   )   (5) 學界 (   )   (6) 李花 (   )

(7) 急死 (   )   (8) 朝會 (   )   (9) 族長 (   )

(10) 速度 (   )   (11) 強行 (   )   (12) 番號 (   )

(13) 苦戰 (   )   (14) 勝利 (   )   (15) 半分 (   )

(16) 注油 (   )   (17) 言行 (   )   (18) 集合 (   )

2 다음 漢字(한자)의 訓(훈)과 음(음)을 쓰세요.

> **보기**   訓 ➡ 가르칠 훈

(19) 黃 (   )   (20) 待 (   )   (21) 石 (   )

(22) 特 (   )   (23) 勇 (   )   (24) 放 (   )

(25) 消 (   )   (26) 計 (   )   (27) 運 (   )

(28) 使 (   )   (29) 發 (   )   (30) 郡 (   )

(31) 李 (   )   (32) 號 (   )   (33) 戰 (   )

(34) 急 (   )   (35) 族 (   )   (36) 速 (   )

(37) 區 (   )   (38) 番 (   )   (39) 朝 (   )

3 다음 漢字(한자)의 反對(반대) 또는 相對(상대)되는 漢字(한자)를 쓰세요.

(40) 朝(아침 조) ↔ (   )　　　(41) 強(굳셀 강) ↔ (   )

(42) 戰爭(전쟁) ↔ (   )

4 다음 漢字(한자)의 두 가지 訓(훈)과 音(음)을 구분하여 쓰세요.

(43) 畫 : ㉠ (   )　　㉡ (   )

(44) 行 : ㉠ (   )　　㉡ (   )

5 다음 漢字語(한자어)의 뜻을 쓰세요.

(45) 開校(개교) :

(46) 班長(반장) :

(47) 速成(속성) :

(48) 特別(특별) :

6 다음 단어의 漢字語(한자어)를 쓰세요.

(49) 운동 (   )　　(50) 언어 (   )　　(51) 방심 (   )

(52) 천사 (   )　　(53) 용기 (   )　　(54) 유전 (   )

(55) 주목 (   )　　(56) 분별 (   )　　(57) 집중 (   )

(58) 이기 (   )　　(59) 승자 (   )　　(60) 고생 (   )

計	計								
셀 계	셀 계								

畫	畫								
그림 화, 그을 획	그림 화, 그을 획								

開	開								
열 개	열 개								

發	發								
필 발	필 발								

郡	郡								
고을 군	고을 군								

界	界								
지경 계	지경 계								

區	區								
구분할/지경 구	구분할/지경 구								

別	別								
다를/나눌 별	다를/나눌 별								

李	李								
오얏/성 리	오얏/성 리								

朝	朝							
아침 조	아침 조							

班	班							
나눌 반	나눌 반							

族	族							
겨레 족	겨레 족							

急	急							
급할 급	급할 급							

速	速							
빠를 속	빠를 속							

強	強							
강할 강	강할 강							

行	行							
다닐 행, 항렬 항	다닐 행, 항렬 항							

苦	苦							
쓸 고	쓸 고							

戰	戰							
싸움 전	싸움 전							

特 특별할 특	特 특별할 특							
待 기다릴 대	待 기다릴 대							
勝 이길 승	勝 이길 승							
利 이할 리	利 이할 리							
番 차례 번	番 차례 번							
號 이름 호	號 이름 호							
集 모을 집	集 모을 집							
合 합할 합	合 합할 합							
半 반 반	半 반 반							
分 나눌 분	分 나눌 분							

注	注							
부을 주	부을 주							
油	油							
기름 유	기름 유							
黃	黃							
누를 황	누를 황							
石	石							
돌 석	돌 석							
勇	勇							
날랠 용	날랠 용							
使	使							
하여금/부릴 사	하여금/부릴 사							
放	放							
놓을 방	놓을 방							
言	言							
말씀 언	말씀 언							
運	運							
옮길 운	옮길 운							
消	消							
사라질 소	사라질 소							

제1장 · 인간과 사회

연습 문제

1 교통 **2** 대리 **3** 사회 **4** 성공 **5** 양복 **6** 고등 **7** 서당 **8** 신체 **9** 공용 **10** 신동 **11** 예식 **12** 재경 **13** 도장 **14** 다행 **15** 미음 **16** 작금 **17** 신애 **18** 각부 **19** 정할 정 **20** 친할 친 **21** 자리 석 **22** 손자 손 **23** 몸 체 **24** 예도 례 **25** 마실 음 **26** 무리 등 **27** 믿을 신 **28** 옷 복 **29** 다스릴 리 **30** 통할 통 **31** 모일 회 **32** 귀신 신 **33** 그림 도 **34** 쌀 미 **35** 법 식 **36** 모일 사 **37** 있을 재 **38** 떼 부 **39** 대신 대 **40** ③ **41** ② **42** ④ **43** ② **44** ③ **45** 지난 해. 지난 연도. **46** 어떤 일에 이바지한 공적과 노력. **47** ② **48** ④ **49** 社交 **50** 會食 **51** 用例 **52** 童話 **53** 書式 **54** 成果 **55** 功勞 **56** 愛國 **57** 孫女 **58** 式場 **59** 時代 **60** 飮食

제2장 · 자연과 환경

연습 문제

1 낙원 **2** 영원 **3** 시작 **4** 신록 **5** 과수 **6** 온화 **7** 근본 **8** 광선 **9** 실명 **10** 주야 **11** 노상 **12** 은행 **13** 유래 **14** 가정 **15** 제일 **16** 창문 **17** 양지 **18** 의식주 **19** 말미암을 유 **20** 뜰 정 **21** 볕 양 **22** 차례 제 **23** 눈 설 **24** 맑을 청 **25** 아름다울 미 **26** 들 야 **27** 성 박 **28** 화할 화 **29** 병 병 **30** 줄 선 **31** 약할 약 **32** 푸를 록 **33** 비로소 시 **34** 동산 원 **35** 근본 본 **36** 밤 야 **37** 따뜻할 온 **38** 뿌리 근 **39** 새 신 **40** 生 **41** 夜 **42** 明 **43** ④ **44** ② **45** ㉠ 즐길 락 ㉡ 노래 악 ㉢ 좋아할 요 **46** 먼 곳과 가까운 곳 **47** 가정의 교훈. 가정 교육. **48** 책에서 주요 내용을 이루는 부분의 글. **49** 作家 **50** 光明 **51** 果然 **52** 失手 **53** 晝間 **54** 夜學 **55** 窓口 **56** 死活 **57** 本國 **58** 樂曲 **59** 綠色 **60** 光復

제3장 · 문화와 교육

연습 문제

1 과목 **2** 공감 **3** 급훈 **4** 단음 **5** 각도 **6** 예제 **7** 의향 **8** 태고 **9** 의약 **10** 영재 **11** 성묘 **12** 독습 **13** 생략 **14** 문지 **15** 반성 **16** 근시 **17** 술수 **18** 업무 **19** 머리 두 **20** 공 구 **21** 약 약 **22** 의원 의 **23** 바람 풍 **24** 모양 형 **25** 익힐 습 **26** 과목 과 **27** 놈 자 **28** 법도 도, 헤아릴 탁 **29** 들을 문 **30** 등급 급 **31** 꽃부리 영 **32** 제 목 제 **33** 대할 대 **34** 느낄 감 **35** 한가지 공 **36** 나타날 현 **37** 뿔 각 **38** 재주 재 **39** 향할 향 **40** 近 **41** 長點 **42** 陽地 **43** ㉠ 살필 성 ㉡ 덜 생 **44** ㉠ 읽을 독 ㉡ 구 절 두 **45** ④ **46** ② **47** 사물이 거꾸로 됨. 의견 등에 찬성하지 않음. **48** 생각이나 느낌을 말이나 글, 소리 등으로 나타냄. **49** 向上 **50** 意見 **51** 對立 **52** 仁者 **53** 太 平 **54** 風景 **55** 頭目 **56** 藥果 **57** 形便 **58** 球場 **59** 音樂 **60** 共用

제4장 · 국가와 경제

연습 문제

1 개발 **2** 군민 **3** 구별 **4** 계획 **5** 학계 **6** 이화 **7** 급사 **8** 조회 **9** 족장 **10** 속도 **11** 강행 **12** 번호 **13** 고전 **14** 승리 **15** 반분 **16** 주유 **17** 언행 **18** 집합 **19** 누를 황 **20** 기다릴 대 **21** 돌 석 **22** 특별할 특 **23** 날랠 용 **24** 놓을 방 **25** 사라질 소 **26** 셀 계 **27** 옮길 운 **28** 하여금/부릴 사 **29** 필 발 **30** 고을 군 **31** 오얏/성 리 **32** 이름 호 **33** 싸움 전 **34** 급할 급 **35** 겨레 족 **36** 빠를 속 **37** 구분할/지경 구 **38** 차례 번 **39** 아침 조 **40** 夕 **41** 弱 **42** 平和 **43** ㉠ 그림 화 ㉡ 그을 획 **44** ㉠ 다 닐 행 ㉡ 항렬 항 **45** 새로 학교를 세워 수업을 처음 시작함. **46** 학급을 대표하는 학생. '반'을 대표하는 사람. **47** 어떤 일이 빨리 이루어짐. **48** 보통이 아님. 일반과 다름. **49** 運動 **50** 言語 **51** 放心 **52** 天使 **53** 勇氣 **54** 油田 **55** 注目 **56** 分別 **57** 集中 **58** 利己 **59** 勝者 **60** 苦生

부록

보충학습

1 뜻이 서로 반대 또는 상대 되는 한자

強 강할 강	←→	弱 약할 약	老 늙을 로	←→	少 적을 소
去 갈 거	←→	來 올 래	勞 일할 로	←→	使 부릴 사
苦 쓸 고	←→	樂 즐길 락	利 이할 리	←→	害 해할 해
曲 굽을 곡	←→	直 곧을 직	明 밝을 명	←→	暗 어두울 암
近 가까울 근	←→	遠 멀 원	問 물을 문	←→	答 대답 답
男 사내 남	←→	女 계집 녀	發 필 발	←→	着 붙을 착
南 남녘 남	←→	北 북녘 북	父 아비 부	←→	母 어미 모
內 안 내	←→	外 바깥 외	死 죽을 사	←→	生·活 날 생 살 활
多 많을 다	←→	少 적을 소	山 메 산	←→	江·川 강 강 내 천
大 큰 대	←→	小 작을 소	上 윗 상	←→	下 아래 하
冬 겨울 동	←→	夏 여름 하	先 먼저 선	←→	後 뒤 후
東 동녘 동	←→	西 서녘 서	善 착할 선	←→	惡 악할 악

138

水 물 수 ←→ 火 불 화	長 긴 장 ←→ 短 짧을 단
手 손 수 ←→ 足 발 족	前 앞 전 ←→ 後 뒤 후
勝 이길 승 ←→ 敗 패할 패	左 왼 좌 ←→ 右 오를/오른 우
始 비로소 시 ←→ 末·終 끝 말 마칠 종	朝 아침 조 ←→ 夕 저녁 석
新 새 신 ←→ 舊 예 구	祖 할아비 조 ←→ 孫 손자 손
心 마음 심 ←→ 身 몸 신	主 주인 주 ←→ 客 손 객
安 편안 안 ←→ 危 위태할 위	晝 낮 주 ←→ 夜 밤 야
言 말씀 언 ←→ 行 다닐 행	重 무거울 중 ←→ 輕 가벼울 경
王 임금 왕 ←→ 民 백성 민	天 하늘 천 ←→ 地 따(땅) 지
有 있을 유 ←→ 無 없을 무	春 봄 춘 ←→ 秋 가을 추
日 날 일 ←→ 月 달 월	學 배울 학 ←→ 敎 가르칠 교
入 들 입 ←→ 出 날 출	兄 형 형 ←→ 弟 아우 제
自 스스로 자 ←→ 他 다를 타	黑 검을 흑 ←→ 白 흰 백

2 동자이음(同字異音)

한 글자가 두 개 이상의 음을 함께 가지는 경우를 말한다.

車 수레 거 · 차
人力車(인력거) : 사람의 힘으로 끄는 수레.
車道(차도) : 차가 다니는 길.

金 쇠 금 / 성 김
入金(입금) : 돈이 들어옴. 또는 들어온 돈.
金庾信(김유신) · 金春秋(김춘추)

度 법도 도 / 헤아릴 탁
온도(溫度) : 덥고 찬 정도.
촌탁(忖度) : 남의 마음을 미루어 헤아림.

讀 읽을 독 / 구절 두
讀書(독서) : 책을 읽음.
句讀(구두) : 글을 쓸 때 문장 부호를 쓰는 방법.

洞 골 동 / 밝을 통
洞口(동구) : 동네 어귀.
洞達(통달) : 어떤 일이나 지식 따위에 막힘이
없이 통하여 환히 앎.

樂 즐길 락 / 노래 악 / 좋아할 요
樂園(낙원) : 아무런 걱정이나 부족함 없이 즐
겁게 살 수 있는 곳.
樂器(악기) : 음악에 쓰는 기구.
樂山樂水(요산요수) : 산수(山水)의 자연을
즐기고 좋아함.

北 북녘 북 / 달아날 배
北方(북방) : 북쪽. 북녘.
敗北(패배) : 싸움, 전쟁이나 겨루기에서 짐.

不 아닐 불 · 부
不安(불안) : 걱정이 되어 마음이 편하지 않음.
不足(부족) : 어떤 정도에 모자람. 넉넉하지 않음.

省 살필 성 / 덜 생
反省(반성) : 자신의 잘잘못이나 옳고 그름을 깨
닫기 위해 스스로를 돌이켜 살핌.
省略(생략) : 덜어서 줄임. 뺌.

便 편할 편 / 똥오줌 변
不便(불편) : 편하지 않음. 거북스러움.
小便(소변) : 오줌.

行 다닐 행 / 항렬 항
直行(직행) : 머무르거나 들르지 않고 곧장 감.
行列(항렬) : 혈족간의 관계를 나타내는 계열.

畫 그림 화 / 그을 획
畫家(화가) : 그림 그리는 일을 전문으로 하는
사람.
畫數(획수) : 자획(字畫)의 수.

3 두음법칙(頭音法則)

첫소리가 'ㄴ'이나 'ㄹ'인 한자가 단어의 첫머리에 올 때 독음이 'ㅇ'이나 'ㄴ'으로 바뀌는 것을 말한다.

① 'ㄹ'이 'ㄴ'으로 바뀌는 경우

樂 즐길 락
快樂(쾌락) : 기분이 좋고 즐거움.
樂觀(낙관) : 일이 잘 될 것으로 생각함.

浪 물결 랑
放浪(방랑) : 정처 없이 떠돌아다님.
浪說(낭설) : 터무니없는 헛소문.

廊 사랑채/행랑 랑
行廊(행랑) : 대문 양쪽으로 있는 방.
廊底(낭저) : 대문간에 붙어 있는 방.

路 길 로
道路(도로) : 사람이나 차가 다니는 큰 길.
路上(노상) : 길 위. 길 가는 도중.

露 이슬 로
白露(백로) : 흰 이슬.
露出(노출) : 밖으로 드러나거나 드러냄.

爐 화로 로
火爐(화로) : 숯불을 담아 두는 그릇.
爐邊(노변) : 화롯가. 난롯가.

老 늙을 로
年老(연로) : 나이가 많음.
老年(노년) : 늙은 나이.

祿 녹 록
國祿(국록) : 나라에서 주는 녹봉.
祿俸(녹봉) : 관리들에게 주는 봉급.

綠 푸를 록
草綠(초록) : 풀빛. 초록빛. 초록색.
綠水(녹수) : 푸른 물.

來 올 래
外來(외래) : 외부로부터 들어옴.
來日(내일) : 오늘의 바로 다음 날.

② 'ㄹ'이 'ㅇ'으로 바뀌는 경우

力 힘 력
重力(중력) : 지구 중심으로 끌어당기는 힘.
力不足(역부족) : 힘이 모자람.

禮 예도 례
答禮(답례) : 인사에 답하여 인사를 함.
禮服(예복) : 예식 때 입는 옷.

例 법식 례
事例(사례) : 일의 실제 본보기.
例外(예외) : 보통의 예에서 벗어난 일.

里 마을 리
洞里(동리) : 마을.
里長(이장) : 마을 일을 책임지는 사람.

林 수풀 림
山林(산림) : 산과 숲. 산에 있는 숲.
林業(임업) : 숲을 이용해 하는 사업.

慮 생각할 려
憂慮(우려) : 잘못되지 않을까 걱정하는 것.
慮後(여후) : 장래에 대하여 염려함.

③ 'ㄴ'이 'ㅇ'으로 바뀌는 경우

女 계집 녀
子女(자녀) : 아들과 딸.
女人(여인) : 어른이 된 여자.

年 해 년
每年(매년) : 해마다.
年老(연로) : 나이가 많음.

李 오얏/성 리
桃李(도리) : 복숭아와 자두.
李花(이화) : 자두나무의 꽃.

理 다스릴 리
道理(도리) : 사람이 지켜야 할 바른 길.
理由(이유) : 까닭. 사유.

立 설 립
自立(자립) : 자기의 힘으로 해 나감.
立法(입법) : 법률을 제정함.

臨 임할 림
君臨(군림) : 임금이 나라를 다스리는 것.
臨戰(임전) : 전장에 나아감.

念 생각 념
理念(이념) : 이상적인 것으로 여겨지는
　　　　　　생각이나 견해.
念願(염원) : 늘 생각하고 간절히 바람.

九死一生
구 사 일 생

九(아홉 구) + 死(죽을 사) + 一(한 일) + 生(날 생)
여러 차례 죽을 고비를 겪고 간신히 목숨을 건짐.

交友以信
교 우 이 신

交(사귈 교) + 友(벗 우) + 以(써 이) + 信(믿을 신)
벗을 사귐에 믿음으로써 사귐.

錦上添花
금 상 첨 화

錦(비단 금) + 上(윗 상) + 添(더할 첨) + 花(꽃 화)
'비단 위에 꽃을 더한다'는 뜻으로, 좋은 일 뒤에 더 좋은 일이
생김.

今始(時)初
금 시 초 문

今(이제 금) + 始(비로소 시) · 時(때 시) + 初(처음 초) + 聞(들을 문)
듣느니 처음. 이제야 비로소 처음으로 들음.

落花流水
낙 화 유 수

落(떨어질 락) + 花(꽃 화) + 流(흐를 류) + 水(물 수)
'떨어지는 꽃과 흐르는 물'이란 뜻으로, 가는 봄의 경치를
나타낸 말.

內憂外患
내 우 외 환

內(안 내) + 憂(근심 우) + 外(바깥 외) + 患(근심 환)
안으로 받는 근심과 밖으로 걱정할 일이 생기는 것을 뜻함.

多多益善
다 다 익 선

多(많을 다) + 多(많을 다) + 益(더할 익) + 善(착할 선)
많으면 많을수록 더욱 좋다는 말.

大器晚成
대 기 만 성

大(큰 대) + 器(그릇 기) + 晚(늦을 만) + 成(이룰 성)
'큰 그릇은 늦게 이루어진다'는 뜻으로, 큰 인물이나 큰 일은
끊임없이 노력하는 가운데 늦게 이루어진다는 말.

代代孫孫
대 대 손 손

代(대신 대) + 代(대신 대) + 孫(손자 손) + 孫(손자 손)
대대로 내려오는 자손을 이르는 말. 자자손손(子子孫孫).

同苦同樂
동 고 동 락

同(한가지 동) + 苦(쓸 고) + 同(한가지 동) + 樂(즐길 락)
'괴로움과 즐거움을 함께 한다'는 뜻으로, 같이 고생하고 같이
즐김.

同病相憐
동 병 상 련
同(한가지 동) + 病(병 병) + 相(서로 상) + 憐(불쌍할 련)
어려운 처지에 있는 사람끼리 서로 딱하게 여겨 동정하고 서로 돕는다는 말.

東奔西走
동 분 서 주
東(동녘 동) + 奔(달릴 분) + 西(서녘 서) + 走(달릴 주)
'동서로 분주하다' 는 뜻으로, 이리저리 바쁘게 돌아다님을 일컬음.

馬耳東風
마 이 동 풍
馬(말 마) + 耳(귀 이) + 東(동녘 동) + 風(바람 풍)
'말의 귀에 동풍' 이라는 뜻으로, 다른 사람의 말을 전혀 귀담아 듣지 않고 흘려버림을 일컬음.

聞一知十
문 일 지 십
聞(들을 문) + 一(한 일) + 知(알 지) + 十(열 십)
'한 가지를 들으면 열 가지를 미루어 안다' 는 뜻으로, 지극히 총명함을 이르는 말.

美風良俗
미 풍 양 속
美(아름다울 미) + 風(바람 풍) + 良(어질 량) + 俗(풍속 속)
아름답고 좋은 풍속.

百發百中
백 발 백 중
百(일백 백) + 發(필 발) + 百(일백 백) + 中(가운데 중)
'총알을 백 발 쏘아서 다 맞춘다' 는 뜻으로, 무엇이든 다 잘 될 때를 이르는 말.

三寒四溫
삼 한 사 온
三(석 삼) + 寒(찰 한) + 四(넉 사) + 溫(따뜻할 온)
겨울 날씨처럼 사흘은 춥고, 나흘은 따뜻한 날씨를 가리키는 말.

事親以孝
사 친 이 효
事(일 사) + 親(친할 친) + 以(써 이) + 孝(효도 효)
어버이를 섬김에 있어 효도로써 섬기라는 말.

先見之明
선 견 지 명
先(먼저 선) + 見(볼 견) + 之(어조사 지) + 明(밝을 명)
'앞을 내다보는 안목' 이라는 뜻으로, 닥쳐올 일을 미리 짐작하여 아는 판단력.

小貪大失
소 탐 대 실
小(작을 소) + 貪(탐할 탐) + 大(큰 대) + 失(잃을 실)
작은 것을 탐내다가 오히려 큰 것을 잃는다는 뜻.

사자성어란 네 자의 한자(漢字)가 합하여 한 뜻을 이룬 말.

身土不二 신 토 불 이	身(몸 신) + 土(흙 토) + 不(아닐 불) + 二(두 이) '몸과 태어난 땅은 하나' 라는 뜻으로, 제 땅에서 산출된 것이라야 체질에 잘 맞는다는 말.
弱肉强食 약 육 강 식	弱(약할 약) + 肉(고기 육) + 强(강할 강) + 食(밥/먹을 식) '약한 자는 강한 자의 먹이가 된다' 는 뜻으로, 생존경쟁의 격렬함을 나타내는 말.
漁父之利 어 부 지 리	漁(고기잡을 어) + 父(아비 부) + 之(어조사 지) + 利(이할 리) '어부의 이익' 이라는 뜻으로, 둘이 다투고 있는 사이에 엉뚱한 사람이 이익을 얻게 됨.
語不成說 어 불 성 설	語(말씀 어) + 不(아닐 불) + 成(이룰 성) + 說(말씀 설) 말이 조금도 이치에 맞지 아니함.
言行一致 언 행 일 치	言(말씀 언) + 行(다닐 행) + 一(한 일) + 致(이를 치) 말하는 것과 행동하는 것이 같다는 뜻.
牛耳讀經 우 이 독 경	牛(소 우) + 耳(귀 이) + 讀(읽을 독) + 經(글 경) '소 귀에 경 읽기' 라는 뜻으로, 말귀를 알아듣지 못하는 경우에 쓰는 말.
有口無言 유 구 무 언	有(있을 유) + 口(입 구) + 無(없을 무) + 言(말씀 언) '입은 있으되 할 말이 없다' 는 뜻으로, 변명의 여지가 없을 때 쓰는 말.
有備無患 유 비 무 환	有(있을 유) + 備(갖출 비) + 無(없을 무) + 患(근심 환) 준비가 되어 있으면 근심할 것이 없음을 이르는 말.
異口同聲 이 구 동 성	異(다를 이) + 口(입 구) + 同(한가지 동) + 聲(소리 성) '서로 다른 입으로 같은 말을 한다' 는 뜻으로, 여러 사람의 말이 한결같다는 말.

以心傳心
이 심 전 심

以(써 이) + 心(마음 심) + 傳(전할 전) + 心(마음 심)
마음에서 마음으로 뜻이 통한다는 말.

一石二鳥
일 석 이 조

一(한 일) + 石(돌 석) + 二(두 이) + 鳥(새 조)
'한 개의 돌을 던져 두 마리의 새를 맞추어 떨어뜨린다' 는 뜻으로,
한 가지 일로 두 가지 이익을 얻는 경우를 이르는 말.

自初至終
자 초 지 종

自(스스로 자) + 初(처음 초) + 至(이를 지) + 終(마칠 종)
처음부터 끝까지의 과정을 표현하는 말.

作心三日
작 심 삼 일

作(지을 작) + 心(마음 심) + 三(석 삼) + 日(날 일)
'결심한 마음이 삼일을 못 간다' 는 뜻으로, 결심이 굳지 못함을
말함.

電光石火
전 광 석 화

電(번개 전) + 光(빛 광) + 石(돌 석) + 火(불 화)
'번개나 부싯돌의 불꽃' 이라는 뜻으로, 매우 짧은 시간이나 신속한
동작을 이르는 말.

天高馬肥
천 고 마 비

天(하늘 천) + 高(높을 고) + 馬(말 마) + 肥(살찔 비)
'하늘은 높고 말은 살찐다' 는 뜻으로, 풍성한 가을을 일컫는 말.

草綠同色
초 록 동 색

草(풀 초) + 綠(푸를 록) + 同(한가지 동) + 色(빛 색)
'풀빛과 녹색은 같은 색이다' 라는 뜻으로, 같은 신세끼리
어울린다는 말.

表裏不同
표 리 부 동

表(겉 표) + 裏(속 리) + 不(아닐 부) + 同(한가지 동)
마음이 음충맞아서 겉과 속이 같지 않음.

風前燈火
풍 전 등 화

風(바람 풍) + 前(앞 전) + 燈(등 등) + 火(불 화)
'바람 앞의 등불' 이라는 뜻으로, 매우 위급한 처지를 가리키는 말.

6급 배정 한자 150자

各 각각 **각**	角 뿔 **각**	感 느낄 **감**	強 강할 **강**	開 열 **개**	京 서울 **경**	計 셀 **계**	界 지경 **계**
高 높을 **고**	苦 쓸 **고**	古 예 **고**	功 공 **공**	公 공평할 **공**	共 한가지 **공**	科 과목 **과**	果 실과 **과**
光 빛 **광**	交 사귈 **교**	球 공 **구**	區 구분할/지경 **구**	郡 고을 **군**	近 가까울 **근**	根 뿌리 **근**	今 이제 **금**
急 급할 **급**	級 등급 **급**	多 많을 **다**	短 짧을 **단**	堂 집 **당**	待 기다릴 **대**	代 대신 **대**	對 대할 **대**
圖 그림 **도**	度 법도 **도**, 헤아릴 **탁**	讀 읽을 **독**, 구절 **두**	童 아이 **동**	頭 머리 **두**	等 무리 **등**	樂 즐길 **락**, 노래 **악**, 좋아할 **요**	例 법식 **례**
禮 예도 **례**	路 길 **로**	綠 푸를 **록**	理 다스릴 **리**	李 오얏/성 **리**	利 이할 **리**	明 밝을 **명**	目 눈 **목**
聞 들을 **문**	米 쌀 **미**	美 아름다울 **미**	朴 성 **박**	班 나눌 **반**	反 돌이킬/돌아올 **반**	半 반 **반**	發 필 **발**
放 놓을 **방**	番 차례 **번**	別 다를/나눌 **별**	病 병 **병**	服 옷 **복**	本 근본 **본**	部 떼 **부**	分 나눌 **분**
社 모일 **사**	死 죽을 **사**	使 하여금/부릴 **사**	書 글 **서**	石 돌 **석**	席 자리 **석**	線 줄 **선**	雪 눈 **설**
省 살필 **성**, 덜 **생**	成 이룰 **성**	消 사라질 **소**	速 빠를 **속**	孫 손자 **손**	樹 나무 **수**	術 재주 **술**	習 익힐 **습**

6급 배정 한자 150자

勝 이길 **승**	始 비로소 **시**	式 법 **식**	神 귀신 **신**	身 몸 **신**	信 믿을 **신**	新 새 **신**
失 잃을 **실**	愛 사랑 **애**	野 들 **야**	夜 밤 **야**	藥 약 **약**	弱 약할 **약**	洋 큰바다 **양**
陽 볕 **양**	言 말씀 **언**	業 업 **업**	永 길 **영**	英 꽃부리 **영**	溫 따뜻할 **온**	勇 날랠 **용**
用 쓸 **용**	運 옮길 **운**	園 동산 **원**	遠 멀 **원**	油 기름 **유**	由 말미암을 **유**	銀 은 **은**
飮 마실 **음**	音 소리 **음**	意 뜻 **의**	衣 옷 **의**	醫 의원 **의**	者 놈 **자**	昨 어제 **작**
作 지을 **작**	章 글 **장**	在 있을 **재**	才 재주 **재**	戰 싸움 **전**	庭 뜰 **정**	定 정할 **정**
題 제목 **제**	第 차례 **제**	朝 아침 **조**	族 겨레 **족**	晝 낮 **주**	注 부을 **주**	集 모을 **집**
窓 창 **창**	淸 맑을 **청**	體 몸 **체**	親 친할 **친**	太 클 **태**	通 통할 **통**	特 특별할 **특**
表 겉 **표**	風 바람 **풍**	合 합할 **합**	行 다닐 **행**, 항렬 **항**	幸 다행 **행**	向 향할 **향**	現 나타날 **현**
形 모양 **형**	號 이름 **호**	畫 그림 **화**, 그을 **획**	和 화할 **화**	黃 누를 **황**	會 모일 **회**	訓 가르칠 **훈**

한자능력검정시험 안내

주 관	사단법인 한국어문회
시 행	한국한자능력검정회

구 분
- 교육급수 : 8급 · 7급 · 6급 Ⅱ · 6급 · 5급 · 4급 Ⅱ · 4급
- 공인급수 : 3급 Ⅱ · 3급 · 2급 · 1급

급수별 합격기준 1급은 출제 문항수의 80% 이상, 2급~8급은 70% 이상 득점하면 합격입니다.

급수별 합격 기준	8급	7급	6급Ⅱ	6급	5급	4급Ⅱ	4급	3급Ⅱ	3급	2급	1급
출제 문항수	50	70	80	90	100	100	100	150	150	150	200
합격 문항수	35	49	56	63	70	70	70	105	105	105	160
시험 시간(분)				50					60		90

유형별 출제 문항수

- 상위급수 한자는 모두 하위급수 한자를 포함하고 있습니다.
- 쓰기 배정 한자는 한두 아래 급수의 읽기 배정 한자이거나 그 범위 내에 있습니다.
- 아래의 출제 유형 기준표는 기본 지침 자료로서 출제자의 의도에 따라 약간의 차이가 있을 수 있습니다.

유형별 출제 문항수	8급	7급	6급Ⅱ	6급	5급	4급Ⅱ	4급	3급Ⅱ	3급	2급	1급
읽기 배정 한자	50	150	225	300	500	750	1,000	1,500	1,817	2,355	3,500
쓰기 배정 한자	0	0	50	150	300	400	500	750	1,000	1,817	2,005
독 음	24	32	32	33	35	35	32	45	45	45	50
훈 음	24	30	29	22	23	22	22	27	27	27	32
장단음	0	0	0	0	0	0	3	5	5	5	10
반의어	0	2	2	3	3	3	3	10	10	10	10
완성형	0	2	2	3	4	5	5	10	10	10	15
부 수	0	0	0	0	0	3	3	5	5	5	10
동의어	0	0	0	2	3	3	3	5	5	5	10
동음이의어	0	0	0	2	3	3	3	5	5	5	10
뜻풀이	0	2	2	2	3	3	3	5	5	5	10
약 자	0	0	0	0	3	3	3	3	3	3	3
한자쓰기	0	0	10	20	20	20	20	30	30	30	40

※ 이 외에 한국한자급수자격평가원 검정시험, 대한민국한자급수자격검정회 검정시험, 한국외국어자격평가원 검정시험 등이 있습니다.

[제1회] 한자능력검정시험 6급 예상 문제

1. 다음 漢字語(한자어)의 讀音(독음)을 쓰세요.(1~33)

예	漢字 → 한자

1 光明 [ ]		2 線路 [ ]		3 果然 [ ]	
4 樹木 [ ]		5 病苦 [ ]		6 弱者 [ ]	
7 失手 [ ]		8 明白 [ ]		9 夜學 [ ]	
10 晝間 [ ]		11 和氣 [ ]		12 野外 [ ]	
13 淸算 [ ]		14 美談 [ ]		15 雪山 [ ]	
16 衣食住 [ ]		17 陽地 [ ]		18 窓門 [ ]	
19 第一 [ ]		20 庭訓 [ ]		21 永生 [ ]	
22 遠大 [ ]		23 死活 [ ]		24 由來 [ ]	
25 銀行 [ ]		26 米飮 [ ]		27 社會 [ ]	
28 洋服 [ ]		29 禮式 [ ]		30 高等 [ ]	
31 代理 [ ]		32 成果 [ ]		33 圖章 [ ]	

2. 다음 漢字(한자)의 訓(훈)과 音(음)을 쓰세요.(34~56)

예	字 → 글자 자

34 會 [ ]	35 用 [ ]	36 等 [ ]
37 童 [ ]	38 堂 [ ]	39 功 [ ]
40 愛 [ ]	41 親 [ ]	42 禮 [ ]

43 席 [   ]   44 園 [   ]   45 病 [   ]

46 信 [   ]   47 溫 [   ]   48 根 [   ]

49 朴 [   ]   50 新 [   ]   51 部 [   ]

52 線 [   ]   53 孫 [   ]   54 飮 [   ]

55 昨 [   ]   56 作 [   ]

3. 다음 漢字(한자)와 反對(반대) 또는 相對(상대)되는 漢字(한자)를 골라 그 번호를 쓰세요.(57~60)

57 强 : ① 病   ② 高   ③ 弱   ④ 多   [   ]

58 晝 : ① 朝   ② 夜   ③ 午   ④ 夕   [   ]

59 成 : ① 幸   ② 功   ③ 式   ④ 敗   [   ]

60 遠 : ① 新   ② 近   ③ 始   ④ 野   [   ]

4. 다음 漢字(한자)와 뜻이 비슷하거나 같은 漢字(한자)를 골라 그 번호를 쓰세요.(61~62)

61 身 : ① 頭   ② 果   ③ 體   ④ 孫   [   ]

62 章 : ① 便   ② 書   ③ 畫   ④ 圖   [   ]

5. 다음 (   ) 안에 들어갈 漢字(한자)를 例(예)에서 골라 그 번호를 써서 漢字語(한자어)를 만드세요.(63~66)

예	① 多 ② 樂 ③ 同 ④ 色

63 各樣各(   )   64 樂山(   )水

65 (   )多益善   66 大(   )小異

6. 다음 漢字(한자)의 同字異音(동자이음)을 쓰세요. (67~68)

67 樂 : [   ]

68 便 : [   ]

7. 다음 漢字語(한자어)의 뜻을 쓰세요. (69~70)

69 在京 : [   ]

70 永遠 : [   ]

8. 다음 밑줄 친 漢字語(한자어)를 漢字로 쓰세요. (71~90)

예	한자 → 漢字

71 매일 신문을 읽는 습관을 가지도록 합시다.   [   ]

72 우리 가족은 주말에 놀이 동산에 가기로 하였다.   [   ]

73 공중 도덕을 생활화합시다.   [   ]

74 오늘은 야외에서 자연 학습을 하는 날이다.   [   ]

75 약속 시간을 지키는 것은 중요하다.   [   ]

76 조금 있으면 신록의 계절이 다가온다.   [   ]

77 우리 모두 나라 사랑하는 애국심을 발휘해야 한다.   [   ]

78 부모님께서는 어제 여행을 떠나셨다.   [   ]

79 나의 신장은 우리 반에서 중간 정도이다.   [   ]

80 학업 성적이 떨어져 체면이 없었다.   [   ]

81 우리 학교 교문은 항상 개방되어 있다.   [   ]

82 우리 시대에는 민족의 통일을 이루었으면 좋겠다.   [   ]

83 온 국민이 함께 하는 전국 체전에 각지의 사람들이 왔다.   [   ]

84 눈이 많이 내려 교통이 마비되었다.   [   ]

85 다음 문장을 잘 읽고 답하시오.   [   ]

86 긴 방학을 끝내고 학교에 등교하는 첫 날이다.   [   ]

87 사람들은 좋은 운수를 행운이라 한다.   [   ]

88 풍성한 팔월 한가위를 추석이라고 부른다.   [   ]

89 우리 겨레의 시조는 단군 할아버지이다.   [   ]

90 나는 앞으로 훌륭한 작가가 될 터이다.   [   ]

[제2회] 한자능력검정시험 6급 예상 문제

1. 다음 漢字語(한자어)의 讀音(독음)을 쓰세요. (1~33)

예	漢字 → 한자

1 運動 [ ]	2 言行 [ ]	3 使用 [ ]
4 油田 [ ]	5 分別 [ ]	6 注意 [ ]
7 號外 [ ]	8 番地 [ ]	9 合同 [ ]
10 戰術 [ ]	11 苦生 [ ]	12 特別 [ ]
13 行軍 [ ]	14 強國 [ ]	15 速度 [ ]
16 急死 [ ]	17 班長 [ ]	18 李花 [ ]
19 區間 [ ]	20 開業 [ ]	21 發生 [ ]
22 計算 [ ]	23 省略 [ ]	24 動向 [ ]
25 遠近 [ ]	26 反省 [ ]	27 意見 [ ]
28 太平 [ ]	29 風樂 [ ]	30 球形 [ ]
31 共感 [ ]	32 角度 [ ]	33 表現 [ ]

2. 다음 漢字(한자)의 訓(훈)과 音(음)을 쓰세요. (34~56)

예	字 → 글자 자

34 消 [ ]	35 放 [ ]	36 勇 [ ]
37 石 [ ]	38 半 [ ]	39 集 [ ]
40 待 [ ]	41 黃 [ ]	42 利 [ ]

43 族 [   ]   44 別 [   ]   45 界 [   ]

46 郡 [   ]   47 對 [   ]   48 聞 [   ]

49 者 [   ]   50 古 [   ]   51 業 [   ]

52 頭 [   ]   53 級 [   ]   54 題 [   ]

55 科 [   ]   56 習 [   ]

3. 다음 漢字(한자)의 反對(반대) 또는 相對(상대)되는 漢字(한자)를 골라 그 번호를 쓰세요. (57~60)

57 短 : ① 小   ② 大   ③ 老   ④ 長   [   ]

58 朝 : ① 午   ② 日   ③ 夕   ④ 月   [   ]

59 勝 : ① 利   ② 敗   ③ 者   ④ 成   [   ]

60 多 : ① 少   ② 量   ③ 數   ④ 大   [   ]

4. 다음 漢字(한자)와 뜻이 비슷하거나 같은 漢字(한자)를 골라 그 번호를 쓰세요. (61~62)

61 教 : ① 聞   ② 育   ③ 談   ④ 訓   [   ]

62 道 : ① 表   ② 路   ③ 線   ④ 席   [   ]

5. 다음 (   ) 안에 들어갈 漢字(한자)를 例(예)에서 골라 그 번호를 써서 漢字語(한자어)를 만드세요. (63~66)

예	① 成 ② 心 ③ 信 ④ 大

63 集(   )成   64 半(   )半疑

65 門前(   )市   66 作(   )三日

6. 다음 漢字(한자)의 同字異音(동자이음)을 쓰세요. (67~68)

67 省 : [   ]

68 畫 : [   ]

7. 다음 漢字語(한자어)의 뜻을 쓰세요. (69~70)

69 醫藥 : [   ]

70 勝利 : [   ]

8. 다음 밑줄 친 漢字語(한자어)를 漢字로 쓰세요. (71~90)

예	한자 → 漢字

71 민수는 학업 성적이 우수한 영재반에서 공부를 한다. [   ]

72 독서에 열중하느라 시간 가는 줄 모른다.   [   ]

73 현재 가지고 있는 현금이 얼마나 되느냐?   [   ]

74 세종대왕께서 훈민정음을 반포하셨다.   [   ]

75 네 안경의 도수가 얼마나 되느냐?   [   ]

76 마을에서 오늘은 공동으로 청소하는 날이다.   [   ]

77 내 형편으로는 여행 갈 처지가 못 된다.   [   ]

78 우리는 매일 반성하는 습관을 길러야 한다.   [   ]

79 미술 전시회에서 유명한 화가를 만났다.   [   ]

80 우리 학교는 월요일마다 운동장에서 조회를 한다.   [   ]

81 이번에 영수가 우리 반 반장에 뽑혔다.   [   ]

82 지난 장마에 물살이 급속히 불어났다.   [   ]

83 나라의 경제력이 강대국으로 가는 지름길이다. [   ]

84 전쟁과 평화는 서로 상반되는 말이다. [   ]

85 학급 회의에서 반대를 위한 반대를 해서는 안 된다. [   ]

86 운동 경기의 승자에게 월계관을 씌우자. [   ]

87 내 동생은 이기적으로 욕심만 채운다. [   ]

88 선생님이 출석부의 번호대로 이름을 부르셨다. [   ]

89 최영 장군은 황금 보기를 돌같이 하셨다. [   ]

90 예전 우리나라에는 흰옷을 즐겨 입는 풍습이 있었다. [   ]

1. 다음 漢字語(한자어)의 讀音(독음)을 쓰세요.(1~33)

예	自然 → 자연

1 在來 [　　　]	2 上京 [　　　]	3 席上 [　　　]
4 通行 [　　　]	5 各自 [　　　]	6 本部 [　　　]
7 定員 [　　　]	8 出席 [　　　]	9 書圖 [　　　]
10 文章 [　　　]	11 多數 [　　　]	12 幸運 [　　　]
13 飮食 [　　　]	14 西洋 [　　　]	15 服色 [　　　]
16 昨年 [　　　]	17 今時 [　　　]	18 新春 [　　　]
19 靑綠 [　　　]	20 始祖 [　　　]	21 大洋 [　　　]
22 作業 [　　　]	23 光明 [　　　]	24 路面 [　　　]
25 果實 [　　　]	26 植樹 [　　　]	27 現在 [　　　]
28 體育 [　　　]	29 心身 [　　　]	30 禮意 [　　　]
31 會社 [　　　]	32 成人 [　　　]	33 高級 [　　　]

2. 다음 漢字(한자)의 訓(훈)과 音(음)을 쓰세요.(34~56)

예	國 → 나라 국

34 社 [　　　]	35 英 [　　　]	36 各 [　　　]
37 京 [　　　]	38 使 [　　　]	39 感 [　　　]
40 角 [　　　]	41 開 [　　　]	42 區 [　　　]

43 公 [   ]   44 第 [   ]   45 急 [   ]

46 身 [   ]   47 計 [   ]   48 交 [   ]

49 運 [   ]   50 今 [   ]   51 球 [   ]

52 號 [   ]   53 書 [   ]   54 班 [   ]

55 體 [   ]   56 戰 [   ]

3. 다음 漢字(한자)의 反對(반대) 또는 相對(상대)되는 漢字(한자)를 골라 그 번호를 쓰세요.(57~60)

57 先 : ① 祖   ② 小   ③ 後   ④ 近   [   ]

58 弱 : ① 力   ② 男   ③ 童   ④ 強   [   ]

59 心 : ① 成   ② 身   ③ 問   ④ 行   [   ]

60 敗 : ① 勝   ② 者   ③ 大   ④ 冬   [   ]

4. 다음 漢字(한자)와 뜻이 비슷한 漢字(한자)를 골라 그 번호를 쓰세요.(61~62)

61 畫 : ① 花   ② 書   ③ 圖   ④ 文   [   ]

62 木 : ① 植   ② 樹   ③ 食   ④ 果   [   ]

5. 다음 (   ) 안에 들어갈 漢字(한자)를 例(예)에서 골라 그 번호를 써서 漢字語(한자어)를 만드세요.(63~66)

| 예 | ① 成 | ② 各 | ③ 樹 | ④ 生 |

63 (   )人各色   64 見物(   )心

65 常綠(   )   66 語不(   )說

6. 다음 漢字(한자)의 同字異音(동자이음)을 쓰세요.(67~68)

67 度 : [   ]

68 讀 : [   ]

7. 다음 漢字語(한자어)의 뜻을 쓰세요.(69~70)

69 多幸 : [   ]

70 始作 : [   ]

8. 다음 밑줄 친 漢字語(한자어)를 漢字로 쓰세요.(71~90)

예	한자 → 漢字

71 실패는 성공의 어머니라 한다.   [   ]

72 아버지는 여행을 떠나기 전에 차에 주유를 하셨다.   [   ]

73 건강한 신체에 건전한 정신이 깃든다.   [   ]

74 우리 모두 밝고 명랑한 사회를 이룩합시다.   [   ]

75 사람은 신용을 잃어서는 안 된다.   [   ]

76 나는 약자의 편에 서서 그를 도와주는 사람이 되겠다. [   ]

77 양복 입은 신사치고 행동은 엉망이다.   [   ]

78 음식은 먹을수록 줄지만 말은 할수로 더 보탠다.   [   ]

79 올 겨울은 작년 겨울보다 눈이 많이 내리고 춥다.   [   ]

80 서당 개 삼 년에 풍월한다(어떤 것을 오래하면 스스로 배운다). [   ]

81 신랑과 신부의 예물 교환이 있겠습니다.   [   ]

82 대한민국 전국 각지에서 올림픽 열기가 뜨거웠다.   [   ]

83 독서의 계절을 맞이하여 도서 전시회가 열렸다.   [   ]

84 부모께 효도하고 웃어른을 공경하는 것은 우리의 오랜 미풍양속이다. [   ]

85 내 짝꿍 승희는 속이 아파 미음을 자주 먹는다.   [   ]

86 태풍이 우리나라를 비켜 갔다니 다행이다.   [   ]

87 우리 형은 기술을 전문으로 배우는 고등학교에 입학하였다. [   ]

88 내가 우리 반 대표로 상을 받았다.   [   ]

89 이 버스는 정원이 45명이다.   [   ]

90 이번 방학 동안에는 한자 공부를 하기로 작정하였다. [   ]

[제2회] 한자능력검정시험 6급 실전 문제

1. 다음 漢字語(한자어)의 讀音(독음)을 쓰세요.(1~33)

예	學敎 → 학교

1 本來 [   ]   2 音樂 [   ]   3 園頭 [   ]

4 病苦 [   ]   5 弱國 [   ]   6 失手 [   ]

7 明堂 [   ]   8 晝間 [   ]   9 夜學 [   ]

10 溫室 [   ]   11 和氣 [   ]   12 野外 [   ]

13 淸算 [   ]   14 美風 [   ]   15 雪山 [   ]

16 衣服 [   ]   17 陽氣 [   ]   18 窓口 [   ]

19 登第 [   ]   20 庭園 [   ]   21 永生 [   ]

22 遠近 [   ]   23 死活 [   ]   24 事由 [   ]

25 金銀 [   ]   26 道路 [   ]   27 路線 [   ]

28 生死 [   ]   29 第一 [   ]   30 靑春 [   ]

31 美男 [   ]   32 淸明 [   ]   33 平野 [   ]

2. 다음 漢字(한자)의 訓(훈)과 音(음)을 쓰세요.(34~56)

예	家 → 집 가

34 藥 [   ]   35 光 [   ]   36 樹 [   ]

37 果 [   ]   38 失 [   ]   39 晝 [   ]

40 明 [   ]   41 和 [   ]   42 代 [   ]

43 衣 [   ]　　44 陽 [   ]　　45 窓 [   ]

46 庭 [   ]　　47 永 [   ]　　48 遠 [   ]

49 由 [   ]　　50 死 [   ]　　51 路 [   ]

52 銀 [   ]　　53 共 [   ]　　54 多 [   ]

55 訓 [   ]　　56 綠 [   ]

3. 다음 漢字(한자)의 反對(반대) 또는 相對(상대)되는 漢字(한자)를 골라 그 번호를 쓰세요.(57~60)

57 始 : ① 木　　② 末　　③ 未　　④ 根　　　[   ]

58 弱 : ① 少　　② 老　　③ 強　　④ 重　　　[   ]

59 孫 : ① 朝　　② 夕　　③ 中　　④ 祖　　　[   ]

60 陽 : ① 陰　　② 日　　③ 明　　④ 地　　　[   ]

4. 다음 漢字(한자)와 뜻이 비슷하거나 같은 漢字(한자)를 골라 그 번호를 쓰세요.(61~62)

61 路 : ① 天　　② 道　　③ 車　　④ 地　　　[   ]

62 永 : ① 水　　② 大　　③ 長　　④ 生　　　[   ]

5. 다음 (   ) 안에 들어갈 漢字(한자)를 例(예)에서 골라 그 번호를 써서 漢字語(한자어)를 만드세요.(63~66)

예	① 成　　② 生　　③ 雪　　④ 新

63 (   )上加霜　　　64 溫故知(   )

65 死(   )決斷　　　66 自手(   )家

6. 다음 漢字(한자)의 同字異音(동자이음)을 쓰세요. (67~68)

67 行 : [   ]

68 樂 : [   ]

7. 다음 漢字語(한자어)의 뜻을 쓰세요. (69~70)

69 明白 : [   ]

70 衣食住 : [   ]

8. 다음 밑줄 친 漢字語(한자어)를 漢字로 쓰세요. (71~90)

예	국군 → 國軍

71 흰옷 입은 간호사를 일컬어 백의의 천사라 한다. [   ]

72 아침에 일어나 창문을 활짝 열어 젖혔다. [   ]

73 이 일에 있어서 제삼자는 나서지 마시오. [   ]

74 가정이 화목해야 모든 일이 잘된다. [   ]

75 원대한 꿈을 지니고 대망을 펼쳐라. [   ]

76 역사에 영원히 기록될 인물이 되고자 한다. [   ]

77 그는 사생결단을 낼 듯이 덤벼들었다. [   ]

78 고대 그리스에 있었던 올림픽의 유래를 알아보자. [   ]

79 어려서부터 은행에 돈을 저축하는 습관을 갖도록 하자. [   ]

80 그 계획한 바는 근본부터 잘못되어 있다. [   ]

81 이 세상을 낙원으로 만들 수 있으면 얼마나 좋을까! [   ]

82 은영이는 병약해서 항상 얼굴이 창백하다. [   ]

83 그는 어렸을 때 사고로 한쪽 눈을 실명했단다.   [   ]

84 그는 주야를 가리지 않고 열심히 일했다.   [   ]

85 실내 온도는 18도 정도가 알맞다.   [   ]

86 회의는 화기애애한 가운데 진행되었다.   [   ]

87 지난 주말에 모처럼 야외로 나들이를 갔다.   [   ]

88 네가 오늘 쓴 돈의 합계를 내보아라.   [   ]

89 빚을 하루빨리 청산해야 마음 편할 것이다.   [   ]

90 얼굴만 예쁘다고 미인이냐?   [   ]

[제3회] 한자능력검정시험 6급 실전 문제

1. 다음 漢字語(한자어)의 讀音(독음)을 쓰세요.(1~33)

예	祖上 → 조상

1 英語 [ ]	2 才色 [ ]	3 讀者 [ ]
4 習作 [ ]	5 科學 [ ]	6 表記 [ ]
7 現在 [ ]	8 題目 [ ]	9 等級 [ ]
10 訓民 [ ]	11 頭角 [ ]	12 度數 [ ]
13 共同 [ ]	14 短音 [ ]	15 球根 [ ]
16 醫術 [ ]	17 藥草 [ ]	18 風習 [ ]
19 業界 [ ]	20 古家 [ ]	21 反對 [ ]
22 家族 [ ]	23 聞道 [ ]	24 畫家 [ ]
25 區分 [ ]	26 李朝 [ ]	27 朝野 [ ]
28 急行 [ ]	29 速成 [ ]	30 勝算 [ ]
31 集中 [ ]	32 合意 [ ]	33 使用 [ ]

2. 다음 漢字(한자)의 訓(훈)과 音(음)을 쓰세요.(34~56)

예	民 → 백성 민

34 言 [ ]	35 表 [ ]	36 目 [ ]
37 太 [ ]	38 短 [ ]	39 術 [ ]
40 近 [ ]	41 意 [ ]	42 開 [ ]

43 理 [   ]   44 強 [   ]   45 行 [   ]

46 苦 [   ]   47 合 [   ]   48 勝 [   ]

49 分 [   ]   50 注 [   ]   51 油 [   ]

52 特 [   ]   53 計 [   ]   54 朝 [   ]

55 發 [   ]   56 高 [   ]

3. 다음 漢字(한자)의 反對(반대) 또는 相對(상대)되는 漢字(한자)를 골라 그 번호를 쓰세요.(57~60)

57 古 : ① 中   ② 新   ③ 夜   ④ 外   [   ]

58 近 : ① 現   ② 今   ③ 遠   ④ 運   [   ]

59 分 : ① 合   ② 大   ③ 小   ④ 老   [   ]

60 死 : ① 少   ② 病   ③ 藥   ④ 生   [   ]

4. 다음 漢字(한자)와 뜻이 비슷한 漢字(한자)를 골라 그 번호를 쓰세요.(61~62)

61 訓 : ① 校   ② 敎   ③ 育   ④ 語   [   ]

62 體 : ① 門   ② 急   ③ 身   ④ 勇   [   ]

5. 다음 (   ) 안에 들어갈 漢字(한자)를 例(예)에서 골라 그 번호를 써서 漢字語(한자어)를 만드세요.(63~66)

| 예 | ① 美 | ② 平 | ③ 高 | ④ 火 |

63 天(   )馬肥   64 (   )風良俗

65 風前燈(   )   66 太(   )聖代

6. 다음 漢字(한자)의 同字異音(동자이음)을 쓰세요. (67~68)

67 畫 : [   ]

68 省 : [   ]

7. 다음 漢字語(한자어)의 뜻을 쓰세요. (69~70)

69 藥草 : [   ]

70 開校 : [   ]

8. 다음 밑줄 친 漢字語(한자어)를 漢字로 쓰세요. (71~90)

예	부모 → 父母

71 오늘 점심 값은 제가 계산하겠습니다.   [   ]

72 내가 좋아하는 과목은 국어이다.   [   ]

73 경치가 아름다워 말로는 표현이 안 된다.   [   ]

74 나는 일요일에도 예외없이 일찍 일어난다.   [   ]

75 다음 글을 읽고 무엇에 대한 것인지 제목을 쓰세요. [   ]

76 우리 반의 급훈은 '말보다 실천' 이다.   [   ]

77 이 문제를 여러 각도로 생각해 보자.   [   ]

78 나 역시 네 말에 공감한다.   [   ]

79 영수는 한자에 대하여 일찍부터 두각을 나타냈다. [   ]

80 우리 업계에서는 자네가 으뜸일세.   [   ]

81 근자에 이르러 할머니의 병세가 악화되었다.   [   ]

82 반대 의견이 없으면 가결된 것으로 하겠습니다.   [   ]

83 나는 부모님의 의향에 따르기로 하였습니다.   [   ]

84 옷차림이 비슷하여 누가 누구인지 구별이 안 된다.   [   ]

85 너무 급속히 처리하느라 실수할까 두렵다.   [   ]

86 비가 쏟아지는 데도 경기를 강행하였다.   [   ]

87 체력이 떨어져 후반전에는 고전을 면치 못했다.   [   ]

88 승리한 상대 팀에게 우리는 박수를 쳐 주었다.   [   ]

89 우리 모두는 소방 훈련을 받기 위해 운동장에 집합하였다. [   ]

90 우리는 항상 언행에 조심해야 한다.   [   ]

[제1회] 한자능력검정시험 6급 예상 문제 - 답안지

■ 사단법인 한국어문회 · 한국한자능력검정회　　　※6급 과정을 마친 후 예상 문제 답을 이곳에 쓰세요.　　6 0 1 ■

수험번호 □□□ - □□ - □□□□　　　　　　　　성명 □□□□□

주민등록번호 □□□□□□ - □□□□□□□　　※유성 싸인펜, 붉은색 필기구 사용 불가.

※ 답안지는 컴퓨터로 처리되므로 구기거나 더럽히지 마시고, 정답 칸 안에만 쓰십시오. 글씨가 채점란으로 들어오면 오답처리가 됩니다.

제　회 전국한자능력검정시험 6급 답안지(1)　　(시험시간 50분)

번호	정답	1검	2검	번호	정답	1검	2검	번호	정답	1검	2검
	답안란	채점란			답안란	채점란			답안란	채점란	
1				15				29			
2				16				30			
3				17				31			
4				18				32			
5				19				33			
6				20				34			
7				21				35			
8				22				36			
9				23				37			
10				24				38			
11				25				39			
12				26				40			
13				27				41			
14				28				42			

감독위원	채점위원(1)		채점위원(2)		채점위원(3)	
(서명)	(득점)	(서명)	(득점)	(서명)	(득점)	(서명)

※ 답안지는 컴퓨터로 처리되므로 구기거나 더럽히지 마시고, 정답 칸 안에만 쓰십시오.
글씨가 채점란으로 들어오면 오답처리가 됩니다.

제　회 전국한자능력검정시험 6급 답안지(2)

번호	정답	1검	2검	번호	정답	1검	2검	번호	정답	1검	2검
43				59				75			
44				60				76			
45				61				77			
46				62				78			
47				63				79			
48				64				80			
49				65				81			
50				66				82			
51				67				83			
52				68				84			
53				69				85			
54				70				86			
55				71				87			
56				72				88			
57				73				89			
58				74				90			

[제2회] 한자능력검정시험 6급 예상 문제 - 답안지

■ 사단법인 한국어문회 · 한국한자능력검정회　　　※6급 과정을 마친 후 예상 문제 답을 이곳에 쓰세요.　　　**6 0 1** ■

수험번호 □□□ - □□ - □□□□　　　　　　　　　　　　성명 □□□□□

주민등록번호 □□□□□□ - □□□□□□□　　※유성 싸인펜, 붉은색 필기구 사용 불가.

※ 답안지는 컴퓨터로 처리되므로 구기거나 더럽히지 마시고, 정답 칸 안에만 쓰십시오. 글씨가 채점란으로 들어오면 오답처리가 됩니다.

제　회 전국한자능력검정시험 6급 답안지(1)　　(시험시간 50분)

번호	정답	1검	2검	번호	정답	1검	2검	번호	정답	1검	2검
1				15				29			
2				16				30			
3				17				31			
4				18				32			
5				19				33			
6				20				34			
7				21				35			
8				22				36			
9				23				37			
10				24				38			
11				25				39			
12				26				40			
13				27				41			
14				28				42			

감독위원	채점위원(1)		채점위원(2)		채점위원(3)	
(서명)	(득점)	(서명)	(득점)	(서명)	(득점)	(서명)

※ 답안지는 컴퓨터로 처리되므로 구기거나 더럽히지 마시고, 정답 칸 안에만 쓰십시오.
글씨가 채점란으로 들어오면 오답처리가 됩니다.

제　　회 전국한자능력검정시험 6급 답안지(2)

번호	정답	1검	2검	번호	정답	1검	2검	번호	정답	1검	2검
	답안란	채점란			답안란	채점란			답안란	채점란	
43				59				75			
44				60				76			
45				61				77			
46				62				78			
47				63				79			
48				64				80			
49				65				81			
50				66				82			
51				67				83			
52				68				84			
53				69				85			
54				70				86			
55				71				87			
56				72				88			
57				73				89			
58				74				90			

[제1회] 한자능력검정시험 6급 실전 문제 - 답안지

■ 사단법인 한국어문회 · 한국한자능력검정회   ※6급 과정을 마친 후 실전 문제 답을 이곳에 쓰세요.   6 0 1 ■

수험번호 ☐☐☐ - ☐☐ - ☐☐☐☐   성명 ☐☐☐☐☐

주민등록번호 ☐☐☐☐☐☐ - ☐☐☐☐☐☐☐   ※유성 싸인펜, 붉은색 필기구 사용 불가.

※ 답안지는 컴퓨터로 처리되므로 구기거나 더럽히지 마시고, 정답 칸 안에만 쓰십시오. 글씨가 채점란으로 들어오면 오답처리가 됩니다.

제   회 전국한자능력검정시험 6급 답안지(1)   (시험시간 50분)

번호	정답	1검	2검	번호	정답	1검	2검	번호	정답	1검	2검
	답안란	채점란			답안란	채점란			답안란	채점란	
1				15				29			
2				16				30			
3				17				31			
4				18				32			
5				19				33			
6				20				34			
7				21				35			
8				22				36			
9				23				37			
10				24				38			
11				25				39			
12				26				40			
13				27				41			
14				28				42			

감독위원	채점위원(1)		채점위원(2)		채점위원(3)	
(서명)	(득점)	(서명)	(득점)	(서명)	(득점)	(서명)

※ 답안지는 컴퓨터로 처리되므로 구기거나 더럽히지 마시고, 정답 칸 안에만 쓰십시오.
글씨가 채점란으로 들어오면 오답처리가 됩니다.

제　　회 전국한자능력검정시험 6급 답안지(2)

번호	정답	1검	2검	번호	정답	1검	2검	번호	정답	1검	2검
43				59				75			
44				60				76			
45				61				77			
46				62				78			
47				63				79			
48				64				80			
49				65				81			
50				66				82			
51				67				83			
52				68				84			
53				69				85			
54				70				86			
55				71				87			
56				72				88			
57				73				89			
58				74				90			

[제2회] 한자능력검정시험 6급 실전 문제 - 답안지

■ 사단법인 한국어문회 · 한국한자능력검정회　　※6급 과정을 마친 후 실전 문제 답을 이곳에 쓰세요.　　6 0 1 ■

수험번호 □□□ - □□ - □□□□　　　　　　　성명 □□□□□

주민등록번호 □□□□□□ - □□□□□□□　　※유성 싸인펜, 붉은색 필기구 사용 불가.

※ 답안지는 컴퓨터로 처리되므로 구기거나 더럽히지 마시고, 정답 칸 안에만 쓰십시오. 글씨가 채점란으로 들어오면 오답처리가 됩니다.

제　회 전국한자능력검정시험 6급 답안지(1)　　(시험시간 50분)

번호	정답	1검	2검	번호	정답	1검	2검	번호	정답	1검	2검
	답안란	채점란			답안란	채점란			답안란	채점란	
1				15				29			
2				16				30			
3				17				31			
4				18				32			
5				19				33			
6				20				34			
7				21				35			
8				22				36			
9				23				37			
10				24				38			
11				25				39			
12				26				40			
13				27				41			
14				28				42			

감독위원	채점위원(1)		채점위원(2)		채점위원(3)	
(서명)	(득점)	(서명)	(득점)	(서명)	(득점)	(서명)

※ 답안지는 컴퓨터로 처리되므로 구기거나 더럽히지 마시고, 정답 칸 안에만 쓰십시오.
글씨가 채점란으로 들어오면 오답처리가 됩니다.

제　　회 전국한자능력검정시험 6급 답안지(2)

번호	답안란 정답	채점란 1검	2검	번호	답안란 정답	채점란 1검	2검	번호	답안란 정답	채점란 1검	2검
43				59				75			
44				60				76			
45				61				77			
46				62				78			
47				63				79			
48				64				80			
49				65				81			
50				66				82			
51				67				83			
52				68				84			
53				69				85			
54				70				86			
55				71				87			
56				72				88			
57				73				89			
58				74				90			

[제3회] 한자능력검정시험 6급 실전 문제 - 답안지

수험번호 □□□ - □□ - □□□□   성명 □□□□□

주민등록번호 □□□□□□ - □□□□□□□   ※유성 싸인펜, 붉은색 필기구 사용 불가.

※ 답안지는 컴퓨터로 처리되므로 구기거나 더럽히지 마시고, 정답 칸 안에만 쓰십시오. 글씨가 채점란으로 들어오면 오답처리가 됩니다.

제   회 전국한자능력검정시험 6급 답안지(1)   (시험시간 50분)

번호	정답	1검	2검	번호	정답	1검	2검	번호	정답	1검	2검
1				15				29			
2				16				30			
3				17				31			
4				18				32			
5				19				33			
6				20				34			
7				21				35			
8				22				36			
9				23				37			
10				24				38			
11				25				39			
12				26				40			
13				27				41			
14				28				42			

감독위원	채점위원(1)		채점위원(2)		채점위원(3)	
(서명)	(득점)	(서명)	(득점)	(서명)	(득점)	(서명)

제　회 전국한자능력검정시험 6급 답안지(2)

번호	정답	1검	2검	번호	정답	1검	2검	번호	정답	1검	2검
43				59				75			
44				60				76			
45				61				77			
46				62				78			
47				63				79			
48				64				80			
49				65				81			
50				66				82			
51				67				83			
52				68				84			
53				69				85			
54				70				86			
55				71				87			
56				72				88			
57				73				89			
58				74				90			

1 광명 2 선로 3 과연 4 수목 5 병고 6 약자 7 실수 8 명백 9 야학 10 주간 11 화기 12 야외 13 청산 14 미담 15 설산 16 의식주 17 양지 18 창문 19 제일 20 정훈 21 영생 22 원대 23 사활 24 유래 25 은행 26 미음 27 사회 28 양복 29 예식 30 고등 31 대리 32 성과 33 도장 34 모일 회 35 쓸 용 36 무리 등 37 아이 동 38 집 당 39 공공 40 사랑 애 41 친할 친 42 예도 례 43 자리 석 44 동산 원 45 병 병 46 믿을 신 47 따뜻할 온 48 뿌리 근 49 성 박 50 새 신 51 떼 부 52 줄 선 53 손자 손 54 마실 음 55 어제 작 56 지을 작 57 ③ 58 ② 59 ④ 60 ② 61 ③ 62 ② 63 ④ 64 ② 65 ① 66 ③ 67 ㉠ 즐길 락 ㉡ 노래 악 ㉢ 좋아할 요 68 ㉠ 편할 편 ㉡ 똥오줌 변 69 서울에 머물러 있음 70 언제까지고 계속하여 끝이 없음 71 新聞 72 家族 73 生活 74 野外 75 時間 76 新綠 77 愛國心 78 旅行 79 身長 80 體面 81 開放 82 時代 83 各地 84 交通 85 文章 86 登校 87 幸運 88 秋夕 89 始祖 90 作家

1 운동 2 언행 3 사용 4 유전 5 분별 6 주의 7 호외 8 번지 9 합동 10 전술 11 고생 12 특별 13 행군 14 강국 15 속도 16 급사 17 반장 18 이화 19 구간 20 개업 21 발생 22 계산 23 생략 24 동향 25 원근 26 반성 27 의견 28 태평 29 풍악 30 구형 31 공감 32 각도 33 표현 34 사라질 소 35 놓을 방 36 날랠 용 37 돌 석 38 반 반 39 모을 집 40 기다릴 대 41 누를 황 42 이할 리 43 겨레 족 44 다를/나눌 별 45 지경 계 46 고을 군 47 대할 대 48 들을 문 49 놈 자 50 예고 51 업 업 52 머리 두 53 등급 급 54 제목 제 55 과목 과 56 익힐 습 57 ④ 58 ③ 59 ② 60 ① 61 ④ 62 ② 63 ④ 64 ③ 65 ① 66 ② 67 ㉠ 살필 성 ㉡ 덜 생 68 ㉠ 그림 화 ㉡ 그을 획 69 병을 고치는 데 쓰는 약. 의술과 약품. 70 전쟁이나 경기 등에서 상대방을 제압하고 이김. 71 英才班 72 讀書 73 現金 74 訓民正音 75 度數 76 共同 77 形便 78 每日 79 畫家 80 朝會 81 班長 82 急速 83 強大國 84 平和 85 反對 86 勝者 87 利己 88 番號 89 黃金 90 風習

[제1회] 한자능력검정시험 6급 실전 문제 정답

1 재래 **2** 상경 **3** 석상 **4** 통행 **5** 각자 **6** 본부 **7** 정원 **8** 출석 **9** 서도 **10** 문장 **11** 다수 **12** 행운 **13** 음식 **14** 서양 **15** 복색 **16** 작년 **17** 금시 **18** 신춘 **19** 청록 **20** 시조 **21** 대양 **22** 작업 **23** 광명 **24** 노면 **25** 과실 **26** 식수 **27** 현재 **28** 체육 **29** 심신 **30** 예의 **31** 회사 **32** 성인 **33** 고급 **34** 모일 사 **35** 꽃부리 영 **36** 각각 각 **37** 서울 경 **38** 하여금/부릴 사 **39** 느낄 감 **40** 뿔 각 **41** 열 개 **42** 구분할/지경 구 **43** 공평할 공 **44** 차례 제 **45** 급할 급 **46** 몸 신 **47** 셀 계 **48** 사귈 교 **49** 옮길 운 **50** 이제 금 **51** 공 구 **52** 이름 호 **53** 글 서 **54** 나눌 반 **55** 몸 체 **56** 싸움 전 **57** ③ **58** ④ **59** ② **60** ① **61** ③ **62** ② **63** ② **64** ④ **65** ③ **66** ① **67** ㉠ 법도 도 ㉡ 헤아릴 탁 **68** ㉠ 읽을 독 ㉡ 구절 두 **69** 염려했던 일이 좋아져 마음이 놓임. **70** 처음으로 함. **71** 成功 **72** 注油 **73** 身體 **74** 社會 **75** 信用 **76** 弱者 **77** 洋服 **78** 飲食 **79** 昨年 **80** 書堂 **81** 禮物 **82** 各地 **83** 圖書 **84** 美風良俗 **85** 米飲 **86** 多幸 **87** 高等學校 **88** 代表 **89** 定員 **90** 作定

[제2회] 한자능력검정시험 6급 실전 문제 정답

1 본래 **2** 음악 **3** 원두 **4** 병고 **5** 약국 **6** 실수 **7** 명당 **8** 주간 **9** 야학 **10** 온실 **11** 화기 **12** 야외 **13** 청산 **14** 미풍 **15** 설산 **16** 의복 **17** 양기 **18** 창구 **19** 등제 **20** 정원 **21** 영생 **22** 원근 **23** 사활 **24** 사유 **25** 금은 **26** 도로 **27** 노선 **28** 생사 **29** 제일 **30** 청춘 **31** 미남 **32** 청명 **33** 평야 **34** 약 약 **35** 빛 광 **36** 나무 수 **37** 실과 과 **38** 잃을 실 **39** 낮 주 **40** 밝을 명 **41** 화할 화 **42** 대신 대 **43** 옷 의 **44** 볕 양 **45** 창 창 **46** 뜰 정 **47** 길 영 **48** 멀 원 **49** 말미암을 유 **50** 죽을 사 **51** 길 로 **52** 은 은 **53** 한가지 공 **54** 많을 다 **55** 가르칠 훈 **56** 푸를 록 **57** ② **58** ③ **59** ④ **60** ① **61** ② **62** ③ **63** ③ **64** ④ **65** ② **66** ① **67** ㉠ 다닐 행 ㉡ 항렬 항 **68** ㉠ 즐길 락 ㉡ 노래 악 ㉢ 좋아할 요 **69** 의심할 여지가 없이 분명함. **70** 생활의 기본적인 요소, 입고 먹고 사는 곳. **71** 白衣 **72** 窓門 **73** 第三者 **74** 家庭 **75** 遠大 **76** 永遠 **77** 死生 **78** 由來 **79** 銀行 **80** 根本 **81** 樂園 **82** 病弱 **83** 失明 **84** 晝夜 **85** 溫度 **86** 和氣 **87** 野外 **88** 合計 **89** 清算 **90** 美人

1 영어 2 재색 3 독자 4 습작 5 과학 6 표기 7 현재 8 제목 9 등급 10 훈민 11 두각 12 도수 13 공동 14 단음 15 구근 16 의술 17 약초 18 풍습 19 업계 20 고가 21 반대 22 가족 23 문도 24 화가 25 구분 26 이조 27 조야 28 급행 29 속성 30 승산 31 집중 32 합의 33 사용 34 말씀 언 35 겉 표 36 눈 목 37 클 태 38 짧을 단 39 재주 술 40 가까울 근 41 뜻 의 42 열 개 43 다스릴 리 44 강할 강 45 다닐 행, 항렬 항 46 쓸 고 47 합할 합 48 이길 승 49 나눌 분 50 부을 주 51 기름 유 52 특별할 특 53 셀 계 54 아침 조 55 필 발 56 높을 고 57 ② 58 ③ 59 ① 60 ④ 61 ② 62 ③ 63 ③ 64 ① 65 ④ 66 ② 67 ㉠ 그림 화 ㉡ 그을 획 68 ㉠ 살필 성 ㉡ 덜 생 69 약의 재료로 쓰이는 풀. 70 새로 학교를 세워 수업을 처음 시작함. 71 計算 72 科目 73 表現 74 例外 75 題目 76 級訓 77 角度 78 共感 79 頭角 80 業界 81 近者 82 反對 83 意向 84 區別 85 急速 86 強行 87 苦戰 88 勝利 89 集合 90 言行

184